ふるさとを
元気にする仕事

山崎亮 Yamazaki Ryo

JN165946

★――ちくまプリマー新書
244

目次 ＊ Contents

はじめに

転換期にある「ふるさと」

「あなたのふるさとはどこですか？」

いま自分が暮らしているまちがふるさとだという人もたくさんいるでしょう。他の地域に引っ越したけれど、自分が生まれ育ったまちがふるさとだと考えている人も多いと思います。都会で生まれ育った人にとっては、おじいちゃんやおばあちゃんが暮らしている両親の田舎《いなか》（出身地）をふるさとだと感じている人もいるかもしれません。

では、「ふるさと」という言葉からどんなイメージが思い起こされるでしょうか？　自然に囲まれた緑豊かな風景、都会では味わうことができない郷土料理、大人も子どもも参加するお祭りなどの伝統行事、会えば気軽にあいさつが交わされるご近所同士の親密なつながり……。そういった有形無形の財産が日本のふるさとにはたくさん残されています。

そんな素晴らしい日本のふるさとが、いままさに歴史的とも言える大きな転換期を迎えています。

たとえば、地方のまちの商店街。三〇年くらい前まで、そこは地元の人たちが集まる活気に満ちた場所でした。しかし、日本の各地の商店街は空き店舗がどんどん増え、締め切った店が軒《のき》を連ねる〝シャッター街〟となってしまったところがたくさんあります。夕方六時を過ぎると照明が消えてしまうアーケードも珍しくありません。

なぜ、商店街はさびれてしまったのか？　価値が多様化し、次から次へと新製品が生まれてくる時代になったことで、何を仕入れて店頭に並べればお客さんに満足してもらえるかが見えにくくなったことも一因とされています。その結果、商店街の店主は、普段から店に足を運んでくれる人だけに向けた商品しか扱わないようになる。これでは、新たなお客さんを獲得することはできなくなってしまいます。

では、次から次へと生み出される新製品を求めるお客さんは、どこで買い物をするのか？一九八〇年代以降、地方都市の郊外には大型のショッピングセンターが続々とつくられました。大手企業が経営するショッピングセンターは、若い人たちの消費動向を分析し、魅力的な新製品を広い店内に大量に並べます。しかも敷地には大きな駐車場もある。買い物客は、市街地の商店街を素通りし、欲しいものがほとんど揃《そろ》っている郊外のショッピングセンターへと車で出かけていくようになっていきました。

ところが、最近では買い物のために郊外型のショッピングセンターにすら行かない人たちが出てきました。インターネット上には、大規模ショッピングセンターをはるかに凌《しの》ぐ超巨大な売り場があるからです。洋服も、本も、日常雑貨も、食品も、画面をクリックするだけで買え、なおかつ自宅まで配達してもらえるようになった。

時代の経過とともに、たしかに便利になったことは事実です。でも、この三〇年の間に誰もが便利になったわけではないのです。自分のふるさとにおじいちゃんやおばあちゃんがいる人は考えてみてください。車もパソコンも使えないおじいちゃんやおばあちゃんにとって、郊外のショッピングセンターに出かけたり、インターネットで買い物したりすることは、簡単なことでしょうか？

高齢者の買い物を、歩いて通える地元の商店街が支える。あるいは、高齢者がインターネットの便利さを享受できるように若い世代が手助けをする。そして、高齢者が培ってきた英知や経験が、若い世代の人生に引き継がれる。子どもからお年寄りまで、「そこに暮らしている」ことに〝豊かさ〟を感じられるコミュニティ——。

ふるさととは、そんな場所であって欲しいと僕は思うのです。

人口減少期をどう乗り越えるか

日本の内閣の中に「地方創生《ちほうそうせい》」を担う大臣のポストがつくられたのは二〇一四年九月。「元気で豊かな地方を創生するための施策を総合的に推進するため企画立案及び行政各部の所管する事務の調整担当」というのが、担当大臣の職務の正式な呼称です。ずいぶん長い名前ですね。

ともあれ、「地方を元気にしよう!」というのがこの国にとっての課題になっているわけで、その認識は非常に重要なのですが、政府が掲《かか》げている「人口減少に歯止めをかけよう」という方針に対しては、「ちょっと待てよ?」と思うのです。

この一〇〇年間で、日本の人口は三倍に膨らみました。しかし、山奥の村や小さな島といった中山間離島地域では過疎化が進み、人口は二〇〇八年の一億二八〇九万九〇〇〇人をピークに減り始めました。そして、増えたときと同じペースで、これからの日本の人口は減り続けるといわれています。総務省の「人口推計」では、二〇五〇年には一億人を割り込む見込みです。国立社会保障・人口問題研究所のデータでは、二一〇〇年には五〇〇〇万人程度にまで減ると予測されています。

その予測があるなかで、「出生率を上げて人口減少に歯止めをかける」というのが政府の考え方です。はたして、それでいいのだろうか？

いまの日本は、人口が一億人以上いることを前提にした仕組みが数多くあります。一〇〇年前から始まった人口増加の流れの中でできあがった社会保障などの仕組みを維持したまま国を成長・発展させるには、人口を減らさない努力が必要になります。しかし、人口減少をやみくもに問題視するのではなく、減ることを〝自然な変化〟としてとらえるほうが、長期的には正しい選択ができるように思うのです。つまり、いまの国の仕組みを見直しながら、幸せに人口を減らしていくことができれば、新しい国のかたちが見えてくるのではないか、と。

僕たちが解決しなければならない問題は、人口が減ること自体ではなく、減り方の中で生じる課題をどうやって見つけ、どう乗り越えていくかということです。その状況が、少なくても二〇五〇年頃までは続くのです。

少子高齢社会を迎えた日本では、一人の若者が複数の高齢者を支えなければならない逆ピラミッド型の人口構造になっています。現在の高齢者の多くは、一九四七〜五一年に生まれた団塊の世代と呼ばれる人たち。そして、二〇〜三〇年後には、一九七〇年代に生まれた団塊ジュニアの世代が高齢者となって、逆ピラミッドを形成します。この二つの波が過ぎた二〇五〇年以降は、いびつな人口ピラミッドのバランスはある程度是正されているはずです。であれば、それまでの三十数年間をどう乗り越えていくかがいまは大事になってきます。

二〇五〇年までの人口減少期において、はっきり見えている課題は二つあります。一つめは、すでに僕らが直面している人口の年齢的偏在。高齢者が増え、それを支える若い人たちが少ない状況を、どうやって乗り越えるか。

二つめは、これも始まっている人口の地域的偏在。生産年齢人口（一五〜六四歳）が大都市に集まり、地方に定住しない。これが、ふるさとの衰退にもつながっているわけです。

まちを元気にする仕事

コミュニティデザイナーというのが僕の仕事です。これまでに一五〇を超える地域で活動してきましたが、「コミュニティデザイナーです」と名乗っても、「いったい何者だ？」と首を傾《かし》げられることがよくあります。とくに高齢の人にはピンとこない職業なのでしょう。ですから、こんなふうに自己紹介するようにしています。

「みなさんの暮らしているまちが元気になるためのお手伝いをしています」

関わったまちのほとんどは中山間離島地域です。言ってみれば、全国各地のふるさとが僕の仕事のフィールドになります。

初めてコミュニティデザイナーと名乗ったのは、二〇〇九年にマルヤガーデンズプロジェクトに携わったときのことでした。鹿児島市の天文館《てんもんかん》地区。かつては中心市街地として栄えていたまちでしたが、二〇〇四年に九州新幹線の終着駅となる「鹿児島中央駅」が離れた位置に開業したため、天文館地区は活気を失ってしまいました。まちの中心にあった老舗《しにせ》のデパートも二〇〇九年に閉店。その建物を、人が集まる新しい商業施設としてリノベーションするのが僕に課せられた役目でした。このときはデザイナーや建築家と協働し、一〇階建ての各フロアに「ガーデン」と名付けたオープンスペースを設け、地元のサークルやNPO法人が活動できる仕組みをつくった。訪れる人にとって、そこは買い物をするだけでなく、さまざまな人や活動との出会いの場にもなる。こういったまちを元気にするアイデアを、地元の人たちと一緒になって実現させていくのがコミュニティデザインという仕事です。

デザイナーといいながら、モノをつくるわけではない。当初は、怪しい人間と思われることもありました。それでも、日本の各地で元気を取り戻したふるさとの事例が現れてきたことで、コミュニティデザインという仕事への認知度も少しずつ高まってきました。そして、

マルヤガーデンズ外観

コミュニティデザイン学科の集合写真

「モノ」ではなく「人と人とのつながり」でまちを元気にする仕事に関心を抱く若い人たちも増え、二〇一四年四月には東北芸術工科大学に日本で初めての〝コミュニティデザイン学科〟も誕生しました。

「ふるさとを元気にする仕事を生み出すこと」

これが、コミュニティデザイン学科の方針です。そして、学科長となった僕は、学生たちを指導しながら「頼もしい！」と感じています。

年配の有識者の方々と話をすると、「人口は増えなければならない」「経済は上向きを維持しなければダメだ」という価値観が根強く残っていると感じることが多々あります。戦後の日本の高度経済成長を知る世代は、成長戦略こそが豊かさへのシナリオだと考えているように思えて、がっかりさせられることがしばしばです。

それに対して、いまの学生たちは〝現実〟をしっかり見ています。一九九〇年代初頭に崩壊したバブル経済の幻想を再び追い求めることもなく、不景気と言われる二一世紀を自分が置かれた日常としてとらえることができる。いわば、不景気ネイティブです。だからこそ、人口が減り続けているこの時代にふさわしい、拡大路線とは異なる〝豊かさ〟というものを創造できるに違いないと僕は期待しているのです。

そんな若い世代の人たちと一緒に、ふるさとを元気にするためには何が必要なのかを考えてみたい——。これが本書を出版しようと思った一番の動機に他なりません。

若い世代への期待

この「プリマー新書」は、高校の図書館に並ぶようなシリーズだと聞きました。それならば、コミュニティデザインという分野に興味を持った若い人にとって入門編となるような本にしなければならないな……、と思いながら、僕は自分自身の高校生時代を振り返っていました。

この本を手にした読者のみなさんは、少なからずふるさとに対する意識を持ち、自分が目指す仕事というものも頭に描いているのではないかと思います。が、僕自身のことを言えば、高校生のときはコミュニティデザイナーとなった現在の自分の生き方など、想像すらできなかった。

僕には、ふるさとと呼べる場所がありません。事務所が大阪にあり、関西に住んでいますから、関西出身者に思われますが、生まれたのは愛知県。父親が転勤族だったことで、引っ越しはこれまでに一〇回以上経験しています。転校を繰り返した少年時代で、幼稚園も、小学校も、中学校も、二つずつ通っています。

　小学生の頃は、耳鼻科の医者になろうと思っていました。誰かを治したかったわけではなく、自分自身のアレルギー性鼻炎をなんとかしたかったからです。ところが、高校に入ると鼻炎は治ってしまった。それで耳鼻科医は目標ではなくなってしまいました。

　自分の将来を考えたときに、頭にあったのは英語とコンピュータとバイオテクノロジーの三つ。これは中学校の先生から「二一世紀には大事になる」と教えられた分野でした。でも、英語の授業はつまらなかった。友だちの家で初めて触ったパソコンも、当時は三〇分かけてプログラムを打ち込んでやっと一本の木の絵が描けるレベルだったから、ちっともおもしろいとは思えなかった。残るはバイオしかない。で、大阪府立大学の農学部（現在は生命環境科学部）を受験したけれども、僕が進んだ農業工学科はトラクターの設計や農地のデザインなどを学ぶところで、バイオのクラスがなかった。仕方なく選んだのが植物を使って公園などをデザインする緑地計画工学という分野。言ってみれば、明確な志《こころざし》も持たないままデザインの世界に足を踏み入れたわけです。

　大学院から建築造園設計事務所に就職し、そこに籍を置きながら人と人とがつながる仕組みをつくる働き方を模索するようになり、さまざまな活動を経験するうちにモノをつくらないコミュニティデザインといういまの仕事に行きついた。

――という自分自身の過去を振り返ってみると、おそらく本書を手にしている読者のみなさんのほうが、一〇代二〇代の頃の僕よりもはるかに自分の将来を真剣に考えているという気がします。僕がモノをつくらないデザイナーとして独立したのは二〇〇五年、三一歳のときでした。それに比べたら、一〇年以上も早くコミュニティデザインに興味を抱いた人たちが本書の読者になってくれていると思うと、いま僕が伝えられることはすべて伝えたいという気持ちになってきます。

この本には、これまでの僕の体験と知識に加えて、東北芸工大のコミュニティデザイン学科で実施した講義のエッセンスも盛り込むつもりです。読んでくれたみなさんが、人と人がつながることの大切さ、そして、まちづくりのおもしろさを感じ取り、いつかふるさとを元気にする活動に携わってくれることを願いながら筆を進めていきたいと思っています。

第一章

ふるさとは最前線

――日本の未来を描くカギ

都市と農村が逆転した五〇年

すでになくなってしまったふるさとがどれくらいあるか、考えてみたことはありますか？　農林水産省の報告書[※1]を見ると、一九六〇年以降、約二〇〇〇もの集落が無人化し、消滅してしまいました。住む人がいなくなったことは、その土地で古くから受け継がれてきた文化や伝統までも失われてしまったことを意味します。

さらに、総務省のデータ[※2]では、日本には六万四九五四の集落があり、その中で六五歳以上の高齢者が住民の半数以上を占める限界集落（共同生活の維持が難しくなった場所）は一万カ所を超えました。住民全員が高齢者という集落も五七五カ所あります。そして、いずれ消滅する可能性のある集落が全国に二三四二カ所も存在すると分析されています。このふるさとの現実は、僕らが知っておかなければならないことです。

知っておくべきことは他にもあります。日本人の大半は、そもそも都会ではなく農村部に暮らしていました。一九四〇年代、人口の八割は中山間離島地域に住んでいたのです。それが戦後になって、都市にどんどん人が集まり始めた。都市のほうが楽しく生活できるからでしょうか？　いまならそう考える人もいるかもしれませんね。でも、当時の状況は違います。

戦後のモノがない時代は、なによりモノが必要でした。自動車や家電製品などを軸とした工業化が一気に進み、都市部には工場などの生産拠点が次々につくられます。そこでの働き手は主に農村部から集められました。中山間離島地域の次男や三男は「金の卵」と呼ばれて、中学を卒業すると就職するために集団で都市部に集められたのです。日本が経済成長を遂げるための担い手として、若者が都市に駆り出されたような構図です。

都市の人口は急速に増え始め、中山間離島地域の人口はどんどん減っていきます。一九九〇年代には、日本の人口の約八割が都市居住者になりました。わずか五〇年の間に、農村部と都市部との人口比率が逆転してしまったわけです。

急激な変化というよりも、異常な出来事のようにさえ思えます。歴史を振り返れば、人口の約八割が中山間離島地域に暮らし、農業や林業や漁業に従事しながらふるさとを守ってきたという生き方は、一〇〇〇年以上も前から変わらない日本人のライフスタイルでした。それが、たった五〇年

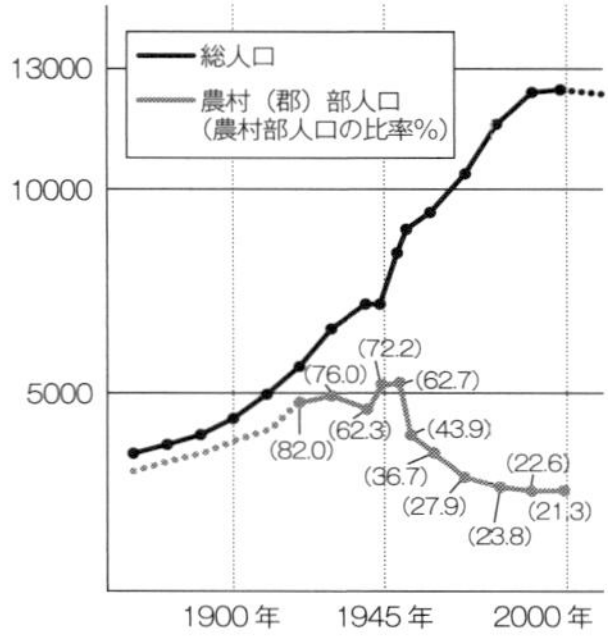

徳野貞雄「農村の幸せ、都会の幸せ―家族・食・暮らし」(2007) 日本放送出版協会をもとに作成

都市と農村の人口の変化

で一変した社会を、いまの僕たちは生きているのです。

※1「限界集落における集落機能の実態等に関する調査」（財）農村開発企画委員会／平成一九年

※2「過疎地域等における集落の状況に関する現況把握調査」総務省・地域力創造グループ過疎対策室／平成二三年

国土が荒廃した理由

都市部で生活していると、激変がもたらした負の財産にはなかなか気づきません。しかし、中山間離島地域を訪れると、いろいろな歪《ゆが》みが生じていることがわかります。

山林や田畑や河川や海岸では、荒廃が目立っています。人が一度手を入れた地形は、その後も定期的に手を入れ続けなければなりません。里山、里海など、人の手が入ることで多様性を担保してきた地形は、じつは日本の国土の大半を占めているのです。

日本の国土の三分の二は森林です。極相林《きょくそうりん》と呼ばれる手つかずの原生林は白神《しらかみ》山地などのごく一部にあるだけで、ほとんどは里山か、スギやヒノキなどの人工林です。スギやヒノキの木材が高く売れた時代には、多くの人が山に入り、間伐《かんばつ》や枝打ちをして人工林を大切に管理していました。木を伐採した後も、自分の子や孫の代まで生活していけるように、新たに木を植えてきた。ところが、林業の後継者がどんどん都市へと出て行った。さらに、外国から安い木材が輸入されるようになったことで、地元の山で手間ひまかけて木を育てる人がいなくなっていった。

里山も同じです。昔の農家は里山の下草《したくさ》刈りをし、落ち葉を拾ってきて堆肥《たいひ》にしたり、枝打ちした木材を燃料にしていたものです。しかし、里山を管理する人がいなくなり、肥料や燃料はお金を払って買うものになった。

人の手が入らなくなった里山はヤブに覆われ、奥まで人が入りにくくなります。そうなると植生が偏《かたよ》り、光がなくても育つ陰樹《いんじゅ》ばかりになる。限られた植物しか生息しない森林は、たった一つの病原体によって全滅する可能性もあるのです。

生命力を失った山林は、ときには周辺部に大きな被害をもたらします。二〇一四年八月に広島市で起きた土砂災害のニュースを記憶している人も多いのではないでしょうか？　豪雨で一七〇カ所もの土砂崩れが発生し、山裾の住宅地が押し流され、七四人もの命が失われました。記録的な大雨が災害の原因ともいわれましたが、惨事を引き起こしたのは人の手が入らなくなった人工林の脆《もろ》さといえます。

荒廃した森林の再生は簡単なことではありません。苗木を植えても強い雨が降れば流され、なかなか定着しません。育つ前にシカやイノシシに食べられてしまうこともあります。

荒れた山林から流出する土砂は、近くを流れる河川へと運ばれます。土砂は下流域に堆積《たいせき》し、洪水が発生しやすくなります。日本では下流域に住宅地や商業地がある場合も多く、中山間地域の人口減少の影響が、まわりまわって都市部にも及んでいるのです。

都会に暮らしていると、中山間離島地域とのつながりはなかなか実感できないかもしれません。でも、全国各地のふるさとに支えられている都会の暮らしは、身近なところにたくさんあるのです。僕自身、大阪の都市部の事務所で仕事をしながら、「この水道から流れる水は琵琶湖《びわこ》から運ばれてきているんだ」と思うことがあるし、食事をしているときも「この野菜も肉も魚も都会の真ん中では育てられないんだな」と気づかされます。

二〇〇六年に、僕は『(財)ひょうご震災記念21世紀研究機構(Hem21)』が実施した「多自然居住地域における安全・安心の実現方策」というプロジェクトの主任研究員を務めました。このときの研究調査を踏まえて少し専門的なことを記せば、健全な農林業の営みによって形成された多自然居住地域には、保水《ほすい》(洪水抑制)機能、水源涵養《じよう》機能、土砂流出防止機能、大気浄化機能、酸素供給機能、二酸化炭素の吸収/固定機能、生物多様性の担保など、国土保全に不可欠な機能が一〇以上もあるのです。そんな大切な役割を担っている日本中のふるさとが衰退することは、都会の暮らしにとっても大きなダメージになるのです。

サイズに合った暮らしをしよう

人口の急激な増加と、都市部への人の流れを、あえて「異常な出来事」と表現しましたが、それ以前の日本はどんな状況だったのでしょうか？

江戸時代、日本の総人口は増えたときでも三〇〇〇万人強だったと予測されています。それが日本の適正人口ではないかと僕は感じています。この意見には賛否両論あるかと思いますが、国土の環境容量を考えると、人々が無理なく生きていけるのがそれくらいの規模だという気がします。

人口が急激に膨らんだいま、僕たちは生きていくために必要なものを、外国に頼らなければならなくなっています。食糧自給率はカロリーベースで三九パーセントしかなく、都会だけを見れば東京は一パーセント、大阪は二パーセントしかありません。エネルギーの自給率も四パーセント。昔から日本は「水と安全はタダ」といわれてきましたが、じつは水も国内だけではまかなえていないのです。バーチャルウォーターという言葉を聞いたことはないでしょうか？　輸入されている食料や工業製品を、仮に国内で生産したとすると、どれくらいの水が必要になるのかという考え方です。その数値は東京大学生産技術研究所が算出しています。日本が輸入したバーチャルウォーターは約六四〇億立方メートル（二〇〇五年）。この量は、国内で一年間に使われる生活用水と工業用水と農業用水の総量に匹敵します。

いまの日本の国土と人口の関係を考えると、僕の頭には一九世紀のイギリスの歴史家、トマス・カーライルの評論が浮かんできます。著書『衣装哲学』には、「人間がつくりあげてきた習慣や制度は、生活の装飾や快適さのためのものであり、それは身体を飾ったり動きやすくするための衣装のようなものだ」といった主旨が書かれています。いまの日本は、洋服のサイズよりも、体のほうがどんどん大きくなってしまった。江戸時代はもっとスリムで、日本人は国土のサイズに合った生活を送ることができていたはずなのです。

トマス・カーライル（1795―1881）

鎖国していた頃は、生活に必要なものはすべて国内でまかなわれていました。エネルギーとなる燃料の薪《まき》は、山林から調達していました。いまで言えばバイオマス（動植物などから生まれた生物資源）です。食糧も一〇〇パーセント自給自足。環境容量の中で極めてサステイナブル（持続可能）な社会が実現していたわけです。

大昔の話に思えるかもしれませんが、環境容量の範囲で地域の暮らしを維持する仕組みは、戦後になっても各地のふるさとに残っていました。以前、兵庫県の山の中にあった金山《きんざん》という廃村を見に行ったことがあります。この村は一九七三年に閉じたのですが、最後の住民の一人に僕は話を聞くことができた——。

集落には沢が通っていた。そこを流れる水を利用して、村では水力発電を行っていた。風呂桶《おけ》二杯分くらいの水が貯まるコンクリートの水槽《すいそう》をつくり、そこから流れ落ちる水の力で小さな羽がクルクル回って発電する。大量の電力は生み出せないけれど、村に住む二〇世帯が使う電力をまかなうには十分だった。むしろ問題は電気の使い道。沢の流れがある限り、発電機は二四時間電気をつ

金山廃村の水力発電跡

くり続ける。しかし、村には電気を貯めておく大きなバッテリーがなかった。電気を使わなければ、発電機は加熱して破裂してしまう。住民たちは裸電球を村中につり下げて点灯し、夜中でもテレビやラジオをつけっぱなしにしていた。

金山村は近隣の集落の人たちから「不夜城《ふやじょう》」と呼ばれていたそうですが、こういった無理なく幸せに生きていこうとする暮らしの知恵は、四〇～五〇年前まで各地のふるさとに残っていたのです。

カーライルは、こう論じています。

「衣装は、着る人が成長したり変化したら、繕《つくろ》ったり仕立て直したりしなければならない。だが、小手先の修正で対処できなくなったときは、まったく新しい衣装に変えなければならない」

身体に合わなくなった洋服を脱ぎ捨てて、新しい衣装に着替える段階を二一世紀の日本は迎えています。そして、どんな衣装が合うのかは、他人任せにせず、僕たち一人一人が自分のこととして考えていかなければならないのです。

みんなでつくる米、個人で稼ぐお金

人口の急激な増加の流れの中で、ふるさとに暮らす人と人とのつながりも希薄になり始めた時期がありました。

江戸時代は租税を米で納めていました。年貢《ねんぐ》という制度です。これは住民の一人一人に課せられるのではなく、組（集落）単位で税率が決められていました。集落の長が組頭となり、住民を取りまとめて年貢を納めていた。いわば、納税は共同作業でした。納めない住民が一人でもいれば、集落全体の問題になります。わがままや自己都合は許されない。だから地域のルールを守らない者は、仲間とは認めてもらえずに村八分になったりもしたわけですが、八分のつながりを断っても二分は残したということもまた、ふるさとの叡智《えいち》だと思います。

年貢という制度は、集落を運命共同体化し、住民たちのつながりを強固にする一因にもなっていました。しかし、明治時代になると米本位制が廃止され、税がお金で徴集されるようになります。明治新政府は特定の藩が力を持つと反政府勢力になりかねないと考え、廃藩置《はいはんち》県《けん》を実施して中央集権化を図りました。税金も、組単位ではなく個人に課せられるようになりました。

年貢から税金へと移行したことは、日本人の生活の単位が「共同体」から「世帯」へと変わった象徴的な出来事のようにも思えてきます。農家の米づくりは村人総出の共同作業であり、年貢に納める米は住民同士の協力があってこそ収穫できるものでした。それに比べると、お金というのは非常にドライな性質で、成果を評価する数値みたいなもの。隣近所の協力がなくても、個人の才覚で大金を得ることも可能になってきます。

国に税金さえ納めていれば、住んでいる地域の人たちと深く関わらなくても、家族で生きていけるようになる。そんな生活のスタイルが、明治から大正にかけて始まった産業の重化学工業化とともに一般的なものとなっていきます。農村部から都市部に移り住んだ人たちにとって、地域住民との共同作業の機会は必ずしも重要ではなくなりました。そして、隣近所から干渉されない生活を、「自由で快適だ」と感じた人も多かったに違いありません。

穿《うが》った見方をすれば、都市生活者は自宅から離れた「職場」という集団の中で、それまで縁のなかった人たちとの共同作業を強いられるともいえます。そのストレスから解放されたいという思いも、「住んでいるまち」での干渉されない生活を心地よく感じる要因になったのかもしれません。

まちから消えたつながり

とはいえ、戦前の都市部では、まだ機能していた住民同士のつながりもありました。「町内会」という組織です。

いまでも町内会は日本中の地域にあり、有力な町内会長さんがリーダーシップを発揮して元気なまちづくりが営まれているケースもありますが、基本は住民が自由参加の自治組織です。一方、戦前の町内会は役所の下部組織として正式に認められた、強制力のある集まりでした。町内会長は地域の福祉や教育などに対する強い権限を持っていたし、住民も地域のために活動する義務があった。

たとえば、道路の整備や公園の清掃などは、住民たちが共同で行う作業でした。農村ほどの運命共同体ではありませんが、困ったときには助け合う準運命共同体のようなつながりが戦前の町内会にはあったのです。

ところが、戦後になって町内会には解散令が出されました。「町内会部落会又はその連合会等に関する解散、就職禁止その他の行為の制限に関する政令」というものです。決めたのは日本に駐留していたGHQ（連合国軍最高司令官総司令部）。勝てる見込みのない戦争に邁《まい》進《しん》した日本の社会システムを分析したGHQは、「右向け、右！」の号令で国民が団結する要因を、地域のつながりにあると考えました。

実際に戦時中は、市に置かれた「町内会」や町村につくられた「部落会」が、大政翼賛会《たいせいよくさんかい》

（官製国民統制組織）の末端で活動する組織として機能していました。こんな仕組みが残っていては、いつまた日本人は戦争を始めるかわからんということで、ＧＨＱは解散令を出したわけです。

町内会を解散するとともに、ＧＨＱは町内会が握っていた教育と福祉の機能を抜き取り、新たな組織としてつくりかえるということもやりました。教育部門はペアレンツ・アンド・ティーチャーズ・アソシエーション——これはＰＴＡと言ったほうがわかりやすいですね。福祉部門は社会福祉協議会として地域に設置されました。

地域にとって、教育と福祉は住民同士を結びつける接着剤のような役割を果たすものです。その機能がまちの自治から分離されたことは、まちの中から支え合う大きな理由が失われたことでもあります。

見方を変えると、それまでのまちにとって支え合いや助け合いという行為は、そこに暮らすことによって背負わされる「しがらみ」ともいえました。教育と福祉が抜き取られたことは、「面倒な役目を引き受けなくてもいい」という意味で、住民からは歓迎される側面もあったといえるでしょう。

戦争に負けた日本は、アメリカから民主主義を与えてもらったともいわれます。と同時に、

「自分自身の幸せを最優先すべき」という個人主義や、「お金を稼げば豊かになれる」という資本主義の思想も持ち込まれました。戦後になって、都市部で暮らしたいと考える人が日本で増えた背景には、戦争に勝ったアメリカ人の「生き方（個人主義）」と「働き方（資本主義）」とが色濃く影響していると僕は思うのです。

産業化する都市の生活

都市部の人口が増えてくれば、社会の仕組みも都市生活者向けにシフトせざるをえなくなります。その動きは「生活の産業化」と言い換えてもいいかもしれません。

かつてはまちの中で自発的に行われていた草刈りや道路清掃といったメンテナンス、あるいは冠婚葬祭といった行事が、まちの外の人たちの役目として成立するようになっていきます。

まちの問題は、住民同士が協力し合わなくても、役所に頼めば解決してもらえる。そのために税金を払っているのだ。役所に頼めないことでも、お金を払えば業者がやってくれる。暮らしの中で生じた不都合は、お金で解決すればいい――。そんな都市生活者の要求に応えられるシステムが日本の社会で構築されていったわけです。

それは、新しい仕事が都市部で次々に生まれたことでもあります。「働く場所」という意味では、都市部はめざましい発展を遂げたと言ってもいいでしょう。戦後の日本の市街地の大半は焼け野原でした。しかし、諸外国から「奇跡」と呼ばれるほどの急速な都市整備が実現します。一九六四年の東京オリンピックは、日本の復興を世界中の人々にアピールする絶好の機会でもありました。

道路や鉄道といった都市基盤が整備されたことは、都市部の拡大にもつながりました。そして、「通勤」というライフスタイルが定着し、都会では「住むまち」と「働くまち」との二分化が加速したのです。

一九六〇年代は、人口比率で都市部が農村部を上回ったタイミングです。そして、会社に就職することが日本人の働き方のスタンダードといわれるようになった。いい会社に入ることが、「幸せな人生」の代名詞のようになり、進学する目的も「学ぶ」ことから「就職のため」へと変わっていったように思います。

かつては中山間離島地域の次男や三男が都市部へと移り住みましたが、八〇年代になる頃には、長男すら家業を継がずに家を出るケースが珍しくなくなりました。当時の日本の企業では終身雇用も年功序列もまだ生きていた。中山間離島地域で農業や林業や漁業を継承したり、田舎の商店街で親の商売を引き継いだりするよりも、都会の一流大学に進学し、大手企業に就職したほうが「子どものためでもある」と、多くの親たちも考えたわけです。

そして、日本中のふるさとから若者が減り、都市部の人口増加に一層拍車がかかった——。

現在でも首都圏の通勤ラッシュは、日本ならではの光景として外国のメディアにしばしば取り上げられます。身動きもできないほどの満員電車に揺られて会社に通い、お昼休みには行列に並ばなければ食事にもありつけない都心の過密ぶりに遭遇するたびに、「これが豊かな生活なのだろうか？」と僕は感じてしまいます。おそらく、僕だけではないでしょう。そんな日常を「大好きだ！」という人に、僕はまだ出会ったことがない。

でも、それが日本の急激な人口増加の先に待っていた現実です。そう思えば、人口が減って緩やかに社会が縮小していくことは、僕たちが描く未来への道筋の一つとして必ずしも間違ってはいないという気がするのです。

僕たちは限界の中で生きている

このまま人口が増え続けると、たいへんなことになってしまう——。

という警鐘は、じつは四〇年以上も前から鳴らされていました。一九七二年に出版された

『成長の限界』という本があります。著者は「ローマ・クラブ」という団体。地球規模の問題を研究するために、世界中から一〇〇人の有識者が集められ、一九六八年にローマで会議が開かれたことがきっかけで発足したシンクタンクです。日本からも一〇名ほどの研究者で編成されたワーク・チームが参画しました。

成長期にあるときは、「この状態は明日も続く」と信じてしまうものです。しかし、『成長の限界』の中には人口増加や工業化といった成長がこのまま続けば、一〇〇年以内に地球は限界に達するという研究報告が明記されています。

一九七四年には世界に先駆けて日本が解決への道を提示しました。「日本人口会議」が開催され、それまで「多産」を推奨していた厚生省が「子どもは二人まで」と、出産の抑制を国民に呼びかけたのです。日本の食糧やエネルギーの自給率の現状については前述しましたが、こうなることは四〇年以上も前から予測されていたのです。いま僕らが暮らしている社会は、すでに限界の中でまわっているといえるかもしれません。

人口の増減を議論するときに、重視しなければならないのは一五~六四歳の生産年齢人口です。この層は生産と消費を支える人たちで、減れば経済が縮小し、国の税収も少なくなります。極論になりますが、全人口に占める生産年齢人口の割合を高い水準で維持できていれば、人口の増減にかかわらず社会の仕組みはまわっていくといえます。

日本の生産年齢人口は、一九九〇年頃をピークに、減少に転じました。二〇一三年には三二年ぶりに八〇〇〇万人を割り込み、割合でいえば六二・一パーセントに縮小。その一方で、六五歳以上の人の割合を示す高齢化率は過去最高の二五・一パーセントに達しています。そして「人口推計」では生産年齢人口の割合は今後も減り続け、高齢化率は上昇を続けると予測されています。

この動向から、若い読者のみなさんにはどんな未来が見えてくるでしょうか？　高齢化率が上がることによって、確実にいえるのは福祉がいま以上に重要になってくるということです。が、生産年齢人口が減り、税収も減るとなれば、福祉に潤沢《じゅんたく》な予算がつけられる見込みはない。国のサイフの中身（財政支出）は九六兆円で、そこから三〇兆円が厚生労働省の社会保障費として使われています。国土交通省の公共事業費が六兆円ですから、すでに日本では相当なお金が福祉のために費やされていることがわかると思います。

この現実に、僕の思考の中では〝成長の限界〟という言葉が重なってきます。「日本には人口が一億人以上いないと成り立たない仕組みが数多くある」と序章で述べましたが、これからはお金をかけずに福祉を充実させるアプローチを僕らは探っていかなければならないのです。

日本の社会が地域の問題をお金で解決する仕組みをつくり、いたれりつくせりのサービスが登場してきたことは、「自分たちでなんとかしよう！」という住民の主体性を薄めてしまいました。その関係性を端的に表している例が、一九六九年に千葉県の松戸《まつど》市役所に設置された「すぐやる課」です。その後、同様の課がいくつもの役所につくられましたが、電話をすれば自治体の職員がすぐにやってくれると思えば、住民はまちの「お客さん」になってしまいます。

「すぐやる課」をつくった役所の意図が、「待たされる」「時間がかかる」といったお役所仕事のマイナスイメージを払拭《ふっしょく》し、迅速な住民サービスを提供することにあったのは容易に推察できます。しかし、道路の清掃などの作業を住民が当然のように役所に持ち込む風潮がつくられていったのは、行政のやり方にも一因があったと思えてなりません。もしも役所が、「あなたと一緒にすぐやる課」というネーミングを採用していれば、住民の意識も少しは違ってきたのではないでしょうか。

僕たちコミュニティデザイナーが頼まれる仕事も、じつは役所にかかってくる住民からの電話の内容と共通した部分があります。一言で表せば、「困っているからなんとかしてくれ」

というものです。

そういう依頼に対して、僕らは解決策を提示するわけではありません。まちの問題は、まちに暮らす人たちが主体的に解決する。一人でも多くの住民を巻き込み、住民たちがアイデアを出し合い、その中から最善と思う解決策を住民たちが探り当て、住民たちの手で実行するまでのお手伝いをするのが僕らの仕事です。もしも客席から舞台を見るような感覚の住民がいたら、僕らはあらゆる手法を駆使してその人を舞台に引っ張り上げます。主体となるのはまちの人たち。主役が客席に座っているうちは、幕を開けることができないのです。

国が描ききれなかった未来

日本をどんな姿にしていくか？

その方向性を定めた国の計画があります。一九六〇年代から一〇年ごとにつくられてきた『全国総合開発計画』です。略称で「全総《ぜんそう》」と表記されることもあり、第四次までの計画は「全総」「新全総」「三全総」「四全総」と呼ばれてきました。第五次の計画は一九九八年に策定され『21世紀の国土のグランドデザイン』という名称になりました。そして、第六次となる『国土形成計画』が二〇〇八年にスタートしています。

これまでの計画の中身については細かく説明しませんが、毎回大きなテーマとなっていたのが「東京一極集中をどう打開するか」ということでした。地方から首都圏に人が押し寄せる傾向は、国のあり方としてよろしくないという問題意識は、政治の世界でも常に考えられてきたことです。

しかし、国の計画は抜本的な対策とはならなかった。たとえば、地方と東京をつなぐインフラを整備し、東京の人口を地方へ戻そうという計画。高速道路や新幹線が開通すると、いわゆるストロー現象が起きて、地方の人たちのほうが東京へ吸い寄せられてしまったのです。

地方の価値を高めるべく、地域自立圏を設定したり、工業都市をつくったこともありましたが、うまくはいかなかった。僕がHem21の主任研究員として里山を調査したときにも使われていた「多自然居住地域」も国の計画から生まれた造語でしたが、広く伝わることはなかった。全国に光ケーブルを張りめぐらせてITインフラも整備されたけれど、これもいまのところ東京から地方に人を呼び戻す決定打にはなっていません。

『国土形成計画』からもうすぐ一〇年。次の一〇年に向けた新しい計画の策定が国土交通省の中でそろそろ始まるはずです。でも、これまでの経緯を振り返れば、国交省が主導する計画だけで東京一極集中を解消し、地方に人が集まる国のかたちができるとは、正直言って大きな期待はできない。

国土の保全だけでなく、経済や生活といった視点もセットにしなければ、僕らが望む未来は見えてこないはずです。必要なのは経済産業省や厚生労働省と連携し、生産年齢人口の「働き方」や「生き方」を反映した計画をつくることではないでしょうか。

二〇一四年に施行された「まち・ひと・しごと創生法」では、地方における雇用の創出が重点課題として掲げられています。しかしこれも、企業を地方に誘致して雇用をつくるだけでは、都市部と同じ構造を持ち込むことでしかありません。僕らが考えるべきは、資本主義的なシステムに振り回されない「働き方」と、個人主義的な価値観に惑《まど》わされない「生き方」の実践なのです。

どの地方にも都会にはない資源がたくさんあるし、それがふるさとの魅力でもあります。そして、ふるさとの魅力を活かす働き方は、ふるさとに生きる人たちが自らつくり出せるものだと僕は思っています。「働き方」については後で詳しく述べますが、日本の中山間離島地域には、都会では味わえない豊かな働き方を見つけた人がたくさんいます。

都市部の人口を地方に分散するという考え方――言い換えれば、ふるさとを変えるという発想は捨ててもいいのではないか？

大切なのは、日本中のふるさとが元気になることであり、そのヒントはふるさとの中にいくらでもある。だったら、ふるさとが変わればいいのです。

ふるさとの魅力を再発見し、その土地で豊かな人生を開拓した人が増えれば、その〝事実〟こそが都市部の人に向けた強烈なメッセージになる。「うらやましい、あんな生活を自分も味わってみたい！」と感じた都会の若者たちは、きっと自らの意志でふるさとの生活に飛び込んでくるに違いありません。それこそが「地方創生」の近道になると僕は思うのです。

「答え」はふるさとにある

この章では歴史的な流れを考察しながら、主に日本の中山間離島地域が疲弊してしまった要因について書いてきました。もしかすると、高齢化率が上昇し、若者が減った日本各地のふるさとには「展望がない⁉」と心配した人もいるかもしれません。しかし、全国各地を訪ね歩いている僕には、強烈なプラスイメージが湧いてきます。

ふるさとは人口減少時代を生き抜く最前線である――。

東京が日本の先進地だったのは、人口が増えていた時代の話です。「これ以上増えたらどうなるか？」という避けられない課題への答えを、全国の市町村は東京に求めていました。

ところが、二〇〇八年から日本の人口は減少に転じました。そうなると、直面するのは「これ以上減ったらどうなるか?」という課題です。その答えを模索し、まさにいま試行錯誤をしているのが、いち早く人口減少時代に突入した中山間離島地域なのです。

もっと言えば、日本は世界に先駆けて人口の自然減が始まった国です。厳密に言えば、北欧とイギリスはもっと前から人口増加が止まっていますが、総数はほぼ横ばいで推移しているため、日本のように急激な人口減少には直面していません。ですから日本は、「これ以上減ったらどうなるか?」という答えを最初に提示できる国ということになります。

中国では二〇一六年から人口減少が始まると予測されています。韓国は二〇一九年から。ドイツやロシアも遠くない将来、人口が減り始めます。先進諸国にとって人口減少時代をどう乗り越えていくかは、間違いなく共通の課題になるわけです。

日本のふるさとには世界が求めている答えがある、と言ったら大げさでしょうか?

僕はちっとも大げさだとは思っていません。なぜなら、世界に提示できる答えをすでに導き出しつつあるふるさとが、日本にはいくつもあるからです。詳しくは後述しますが、徳島県の東北部に位置する神山町《かみやまちょう》という山村は、数々のプロジェクトによって移住者が増え、人口減少時代を乗り越えた成功事例としてドイツの研究者が視察に訪れるまでになっています。

繰り返します。日本の中山間離島地域、全国各地のふるさとは、人口減少時代の最前線なのです。そして、そこにある可能性を探り当て、豊かな未来を創造していく〝楽しみ〟を自分自身の〝生き方〟に重ねることができるのは、この本に興味を抱いたような若い人たちに他ならないのです。

第二章

ふるさとを元気にする仕事——コミュニティデザインって何？

教科書にはできない手法

「まちづくり」や「まちおこし」という言葉は、一九八〇年代に入った頃から頻繁に使われ始めました。いまでは全国各地のふるさとに共通するスローガンになったと言ってもいいでしょう。僕が携わっている「コミュニティデザイン」という仕事も、広くとらえれば「まちづくり」のための手法の一つということになります。

Design（デザイン）の〝sign〟には「表示する」という意味があります。でも、コミュニティデザイナーは目に見えるものをつくるわけではない。仕事で訪れた先で、「集会場を設計してほしい」と頼まれるようなことも以前はありましたが、ハードをつくるのは僕らの仕事ではありません。「どうすれば地域が元気になるか？」というソフトの部分を住民と一緒に考えるのが僕らの役割。もっと正確に言えば、地域の課題を住民が主体的に考えて解決するための活動を手伝うのがコミュニティデザイナーなのです。

という説明だけでは、わかりにくいかもしれませんね。じつは、具体的なノウハウをまとめて「コミュニティデザインの教科書をつくりませんか？」と提案されたこともありました。しかし、まちにはまちの特色があります。歴史も、文化も、習慣も、産業も、地理的条件も、人口の構成も、まちによって違います。住んでいる人たちの気質や、リーダー格になった人の個性にも左右されるのが僕らの仕事です。住民たちの中に飛び込んで、信頼されるようになって、そこで初めて気づかされる地元ならではのルールみたいなものもあります。コミュニティデザインの手法は、言ってみればまちの数だけあるのです。したがって、教科書やマニュアルでは説明しきれない。

とはいえ、それでは本書を手にしてくれた人の興味は満たされないでしょうし、僕自身にもコミュニティデザインという仕事を一人でも多くの人にわかってほしいという強い思いがあります。ですからこの章では、東北芸術工科大学コミュニティデザイン学科の学生たちから僕に浴びせられた質問への答えを整理しながら、コミュニティデザインという仕事の基本的な知識をみなさんにお伝えしたいと思います。

第三世代のコミュニティデザイン

僕は日本で最初のコミュニティデザイナーと言われることがあります。しかし、「コミュニティデザイン」という言葉そのものは、新しいものではありません。いろいろな文献を調べてみると、一九六〇年くらいから使われていることがわかります。ただし、いまの僕がやっていることとは、少し意味が違っていた。

当時のコミュニティデザインを、仮に第一世代としましょう。「コミュニティデザイン」は主に都市計画の分野で使われていた用語で、たとえばニュータウンをつくるときに、道路をどのように通すか、公民館をどこに配置するか、公園をどう整備するか、といったハードのデザインのことを指しました。

一九八〇年代になると、都市計画に住民の意見が反映されるようになってきます。ここからコミュニティデザインも第二世代に入ります。公共の施設をつくるようなときにも、「こんな外観がいい」「あんな空間がほしい」といった、使う側の人たちの声を取り入れながらハードがデザインされました。

僕が独立してstudio-Lという事務所を立ち上げたのが二〇〇五年ですが、その頃からコミュニティデザインは第三世代に入ったといえます。つまり、ハードの整備を前提としないまちづくりの手法が求められるようになってきた。地域のビジョンや、抱えている課題を乗り越えるためのアイデアを住民たちが考えて、それを実現するための手法自体をコミュニティデザインと呼ぶようになった。たとえば、地元ならではの特産品を生み出したり、既存の施設や公園に人が集まる利用法を考えたりといった活動もコミュニティデザイナーが担うようになったのです。

モノはつくらないけれど、デザインの力で課題を解決する。まちが元気になるためなら、あらゆる分野の知識を総動員して解決策を導き出す。それが第三世代のコミュニティデザインです。だからわかりにくい仕事になってしまったのかもしれませんが、マニュアルがないからこそ、それぞれのまちで、それぞれの特色を活かした手法を一から探るおもしろさがあるのです。

デザイナーにとって、「前と同じものをつくってください」という依頼ほどつまらない仕事はありません。その点、コミュニティデザインは毎回のプロジェクトが一期一会《いちごいちえ》。現場となるのも、農村、漁村、山村、離島、商店街、デパート、公園、駅前広場、学校、病院、美術館、博物館、古民家、空き家、お祭り……、数え上げたらキリがない。

プロジェクトのテーマも産業振興、環境保全、災害復興、医療福祉、教育、芸術、食文化……、気がつけばずいぶんいろいろな分野に首を突っ込んできたものですが、これほど創造性に富んだ仕事もないと実感しています。

もちろん、創造性を発揮するためには、建築、設計、歴史、福祉、政治、経済、科学、法律、技術、アート、社会学、心理学……、さらには外国も含めた各地の事例も日々勉強していなければなりません。それを「たいへんだ」と思うかどうかは本人次第。身につけた知識はすべて自分が使えるカードになるわけですから、僕自身は勉強だって時間を忘れて没頭するくらい楽しむことができています。

「コミュニティ」の定義

ところで、「コミュニティ」という言葉の定義はわかりますか？

じつは、これは非常に難しい設問です。日本では「共同体」「地域社会」などと訳されることが多いのですが、一九五五年にG・A・ヒラリーという社会学者が調べてみたところ、九四種類もの定義がありました。しかも、すべての定義に共通する要素は存在しなかった。

学術的な分類はさておき、読者のみなさんに僕が知っておいてもらいたいのは、いまの社会の中で「コミュニティ」と言った場合には、大きく二つに分けることができるということです。

一つめは、地縁《ちえん》型コミュニティ。同じ地域に住んでいる人たちの集まりのことで、もっとも一般的に通用しているコミュニティの定義です。具体例としては自治会、町内会、商店街組合など。まちの保守管理を行ったり、お祭りなどでまちを盛り上げたりする、人々が暮らす場所には昔から欠かせないつながりです。

二つめは、テーマ型コミュニティ。これは同じ所属意識を持った人たちの集まり。古くは「連《れん》」「社《しゃ》」「結《ゆい》」などと呼ばれるグループが日本中でつくられていました。いまでも阿波踊《あわおど》りのグループは「○○連」と名乗っていますよね。お金儲《もう》けを目的とした集まりは「○○社」を名乗りました。坂本龍馬がつくった「亀山社中《かめやましやちゆう》」の名前は聞いたことがある人も多いかと思いますが、「社中」や「連中」というのは「そこに属する人たち」という意味になります。「結」というのは、屋根の葺《ふ》き替えや田植えなど、人手が必要なときに一時的に集まる人たちのつながりのこと。現代社会の中でテーマ型コミュニティを探せば、趣味やスポーツのサークル活動やNPO法人などもその一例といっていいでしょう。

いまから一〇〇年くらい前は、地縁型コミュニティとテーマ型コミュニティははっきり区別されていました。アメリカの社会学者、R・M・マッキーバーは、前者をコミュニティ、後者をアソシエーションと呼びました。ドイツの社会学者、フェルディナント・テンニースは、自然発生的にできる地縁型コミュニティをゲマインシャフト、人為的につくられるテーマ型コミュニティをゲゼルシャフトと呼んで区別した。ところが、現在ではどちらに対してもコミュニティという言葉が使われるようになっています。

僕の解説では、会社もコミュニティの一種に思われるかもしれませんが、会社は形態やつくり方をめぐって経済や法律や技術などとセットで研究されてきたため、コミュニティとは切り離して考えられてきました。しかし、たとえば趣味の同好会だったり、出身地が同じ県人会だったり、あるいはOB会といった集まりが社内にできたとしたら、それはテーマ型コミュニティであり、さらに細かく分類すれば「社縁型」と言うこともできます。

ふるさとを元気にしようと思ったら、二種類のコミュニティの活動状況をきちんと把握しなければなりません。それができるだけでも、元気を失った原因や課題が見えてくることもよくあります。そして、休眠状態にあるコミュニティの活動を再開させたり、コミュニティ同士を交流させたり、新しいコミュニティをつくり出したりすることが、ふるさとの元気を取り戻すきっかけにもなるのです。

二〇〇五年、独立したばかりの僕にとって貴重な経験となったプロジェクトがありました。兵庫県三田《さんだ》市に開園した県立有馬富士公園のパークマネジメントです。大きな公園の管理には人手もお金もかかります。また、公園はつくって終わりではなく、つくった後で多くの人に利用してもらうことが地域の活力につながります。

このプロジェクトではＮＰＯやサークルなど、四〇以上の地元のテーマ型コミュニティが公園内で活動できるプログラムが組まれました。公園に来た人は、音楽の演奏会や水生昆虫の観察会や凧《たこ》づくりといったコミュニティの活動を一緒になって楽しむことができます。コミュニティの人たちにとっても仲間を増やすチャンスですから、来園者を楽しませようと頑張ってくれます。そこに育まれたつながりは、もてなすキャスト（＝コミュニティ）と、楽しむゲスト（＝市民）という関係でした。

さらに、コミュニティの活動を公園の管理・運営とリンクさせました。難しい話ではありません。たとえば、「使い終わったら片付けていってくださいね」とお願いすれば、公園で活動したコミュニティの人たちは、きれいに清掃してから帰ってくれます。こういう小さなアイデアを地元の人たちと一緒になって何百何千とひねり出し、取捨選択したり、組み合わせたりしながら、人と人とがつながる仕組みをつくっていくのがコミュニティデザインという仕事なのです。

はじまりは田園都市

一九六〇年にはすでにコミュニティデザインという言葉が使われていたと書きましたが、当時のコミュニティデザイナー（とは名乗っていなかったかもしれませんが）の仕事について、簡単に触れておきたいと思います。

第一世代をコミュニティデザイン1・0と呼びましょう。この時代は地域の物理的な広がりという意味でコミュニティという言葉が用いられることもありました。山を切り開いて住宅地や工場や学校をつくることも、コミュニティデザインでした。

そこで重要になってくる人物がいます。イギリスのエベネザー・ハワードという人で、もともと速記屋さんでしたが、速記者としていろいろな分野の専門家に話を聞くうちに、都市の問題に気づきます。大学の講義ではないのでザックリと解説しますが、生活や仕事や自然環境といったことを総合的に考えて都市というコミュニティを突きつめたのがハワードでした。

ハワードは理想とするコミュニティを一八九八年に「田園都市」という概念で説明しました。中央に人々（THE PEOPLE）がいて、それを取り囲むように都市（TOWN）と田園（COUNTRY）と田園都市（TOWN-COUNTRY）を三角形に配置した有名なダイヤグラムがあります。三つのカテゴリーにはそれぞれU字型の磁石が描かれて、都市と田園の磁石のS極とN極には利点と欠点が書き込まれているけれど、田園都市の磁石の両極には利点だけが書かれている。中央の人々がどこに引きつけられるのかを示したダイヤグラムです。

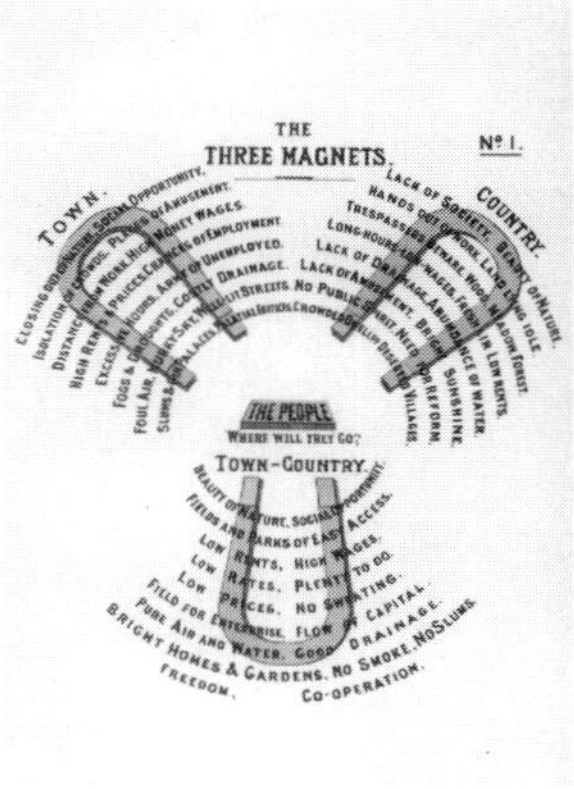

エベネザー・ハワードの
「3つの磁石」

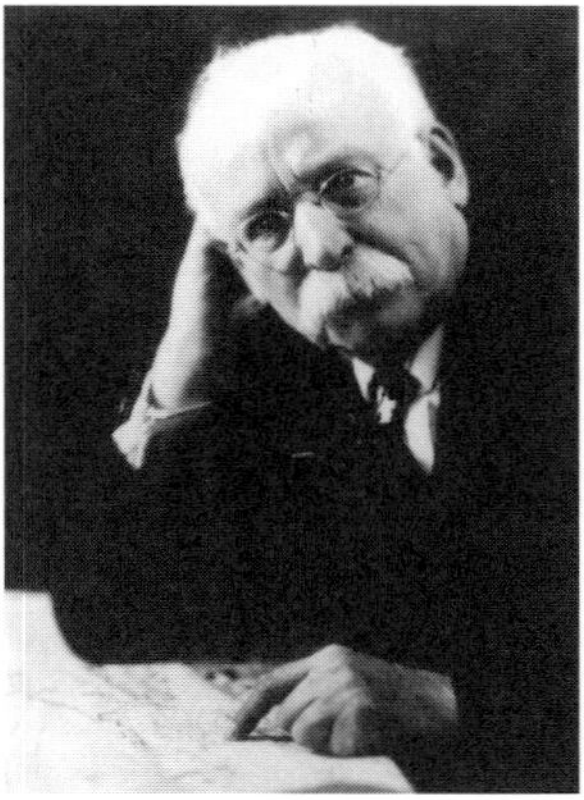

エベネザー・ハワード
(1850—1928)

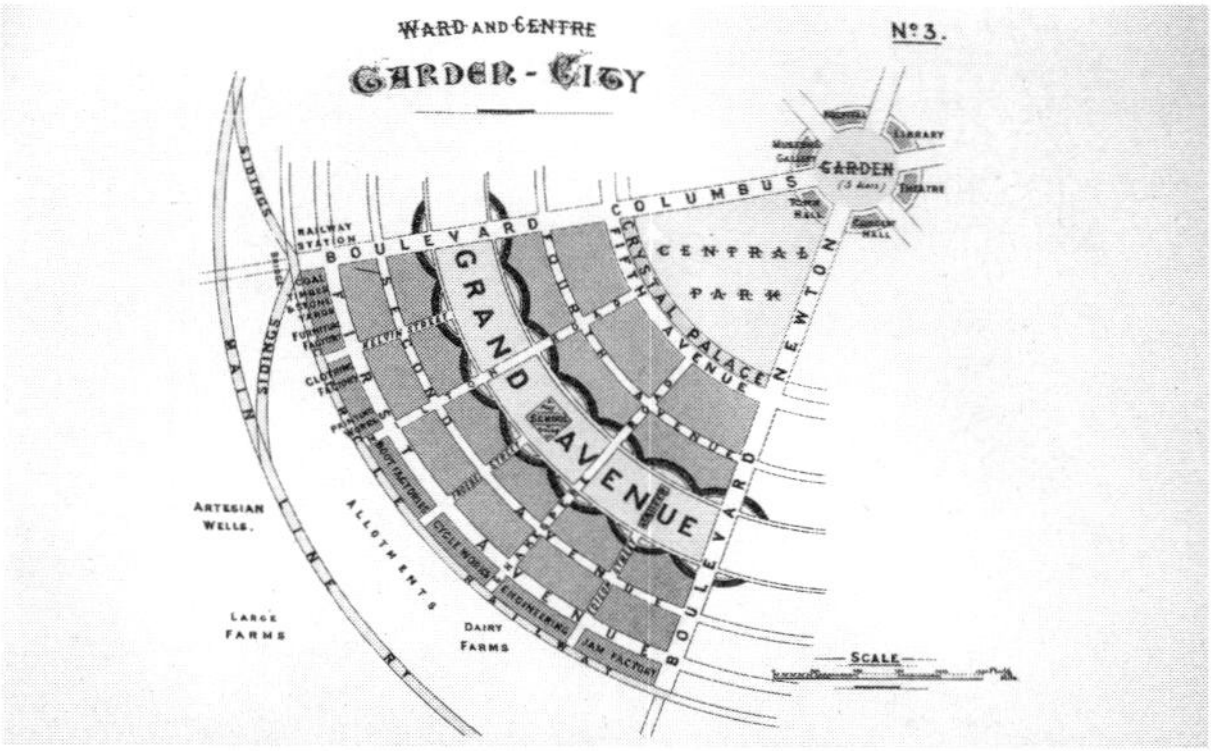

ハワードの理想とする田園都市のダイアグラム

理想とする田園都市の様子は別のダイヤグラムに詳しく描かれています。中央に広場があり、それを取り囲むように住宅地と商業施設がつくられ、その外側に工場があり、さらに外側はすべて農地。敷設された鉄道が他の田園都市とつながり、物資は列車で運ばれます。土地はすべて公社が所有し、適正人口と考えた三万人以下の住民が借り手となり、その地代で公社が田園都市全体を運営する――。

机上の空論だと言って批判する人もいました。しかし、一九〇三年にロンドン郊外に「レッチワース」という最初の田園都市が完成し、ハワードの死後もイギリス国内では三〇以上の田園都市がつくられました。

アメリカでもハワードに学んだ人たちによって田園都市がつくられます。そこから派生したニュージャージー州の「ラドバーン」という都市では、歩行者と自動車を分離する道路などが工夫され、世界各国でつくられる〝ニュータウン〟の先例となりました。

フランスの建築家トニー・ガルニエにも、ハワードによく似た発想が見て取れます。一九一七年に提案した「工業都市」は、川、工場、住宅が並行に配置され、その間に鉄道が走るもので、ハワードが円で描いたダイヤグラムを帯状に展開したような計画です。そのデザインはとても人間的で美しく感じられます。

現在のレッチワース

トニー・ガルニエの「工業都市」の計画図

近代建築の巨匠と呼ばれるル・コルビュジェも、ガルニエに大きな影響を受け、晩年にいろいろな都市計画を手掛けました。一九三〇年に発表した高層建築による「輝く都市」は、三〇〇万人の住民が暮らす壮大な計画です。

こういった都市計画の発展の経緯を考察すると、コミュニティデザイン1・0はハワードの田園都市論から始まっているということがわかります。そして、日本での都市計画にもハワード以降の思想が大きな影響を与えているのです。

新しいまちの出現

日本で最初につくられたニュータウンは、大阪の「千里《せんり》ニュータウン」です。アメリカのニュータウンを参考にして、一九六〇年代に着工しました。

千里ニュータウンの中心には広場があります。設計の基本にしたのがハワードの田園都市だということがそこからもわかります。そして、広場をぐるりと囲むように集合住宅が建てられています。いわゆる「団地」で、一部の建物に見られる開放された一階の空間は、コルビュジェが考案したピロティと呼ばれる建築様式。コミュニティデザイン1・0の成り立ちを勉強してから千里ニュータウンを観察してみると、「ここはハワードだな」「ここはコルビュジェだぞ」というところがたくさん発見できるに違いありません。

日本の高度経済成長は一九五〇年代半ばから始まりました。建物や道路といった社会基盤がどんどん整備されるようになり、「都市をつくる」という言葉はコミュニティデザイン1・0の同義語でもありました。国や地方自治体と民間の建設会社とが手を組み、日本中でニュータウンが計画されます。それは、急速に増え始めた人口の受け皿でもありました。

 一九六五年には東京で多摩《たま》ニュータウンが計画されます。「これ以上人口が増えたらどうなるか？」という避けられない日本の課題に対して、先進地である東京が提示したパワフルな答えです。稲城《いなぎ》市、多摩市、八王子《はちおうじ》市、町田《まちだ》市の四つの市にまたがる丘陵地を造成してつくられた日本最大の人工都市には、鉄道が通り、道路も歩行者専用路もあり、学校、病院、ショッピングセンターなどの施設がつくられ、周辺部には多摩丘陵《きゅうりょう》の自然もある。二〇万人以上もの都民の生活を支えることを念頭につくられた多摩ニュータウンは、多くの人々に「そこで暮らしたい」と思わせる魅力を持った、当時としては最先端のまちでした。

コミュニティデザイン1・0は、都市計画や建築設計の専門家が担ってきました。その人たちの仕事を、六〇年も経ったいまになって否定するのは不遜なことです。しかし、一九八〇年代になると、暮らすことによってあぶり出されてきたまちの課題というものにコミュニティデザインは突き当たることになるのです。

住民参加の時代へ

全国各地につくられたニュータウンは、必ずといっていいほど中央に広場があります。コミュニティデザイン1・0の専門家たちの頭の中には、そこで住民たちのイベントが活発に行われ、おおいに賑《にぎ》わっている光景が浮かんでいたことでしょう。

一九六〇年代に誕生した全国各地のニュータウンを、僕は二〇代の頃から何カ所も見てきました。そこで目にした光景は、賑わいとはほど遠いものです。人の姿はほとんど目に入らない。いるのは鳩《はと》ばかり。それはそれでほのぼのとした光景ではあるけれど、僕が関わりたいまちの姿はこれじゃないと、いつも思っていました。

広場だけではありません。道路や河川にも人がくつろぐ空間はつくられました。歩道の幅を少し広げて、コンクリートのベンチやテーブルが置かれていたりする。でも、夏は直射日光をまともに浴びて座っていられたものじゃない。冬はベンチもテーブルも凍ったように冷たくなる。

僕にはコミュニティデザイン1・0に欠けているものが見えた気がしました。それは、つくる人と暮らす人との対話です。ベンチやテーブルのある遊歩道は、おしゃれな景観かもしれないけれど、「それを利用したい」という住民の意見を聞いて設計されたものではなかった。

当時の都市計画の担当者たちも、住民側のニーズの大切さには気づいていたに違いありません。一九七〇年代には、快適さを意味する「アメニティ」という言葉が盛んに使われるようになります。しかし、住民のニーズをじっくり聞き取って設計に反映させる時間がないほど都市部への人口集中は急激で、とにかく住環境を増やすことが急務でした。コミュニティデザイン1・0で唱えられたアメニティは、暮らす人たちとの「対話」ではなく、つくる人たちの「想定」で提供されていたと言えます。その反省を踏まえて、コミュニティデザインは一九八〇年代に入って2・0といえる次世代の局面を迎えるわけです。

ワークショップという言葉が出てきたのもこの時代でした。それまで「お客さん」だった人たちに「参加」してもらうことによって、新しいものを生み出そうという動きです。モノづくりやアートの分野とともに、コミュニティデザインの現場でも「市民参加」が重要なキーワードになりました。

ニュータウンや公共空間でも、暮らす人の意見を取り入れようとする試みが積極的に展開されます。たとえば、住民の要望でニュータウンの中に図書館が新設されたり、役所の一角にカフェが併設されたり。こういった「住民参加型」の手法でつくられた施設や町並みは、読者のみなさんが暮らすまちの中でもたくさん見つけることができるはずです。

一九八〇年代の変化は、コミュニティの物理的な空間をデザインする〝Design of Community〟から、コミュニティとともに物理的な空間をデザインする〝Design with Community〟へと発展したという言い方もできるでしょう。そして、住民参加型によるコミュニティデザイン2・0の手法は、現在でもさまざまなプロジェクトで活用されています。

studio-Lが取り組んだ『延岡《のべおか》駅周辺整備プロジェクト』（二〇一〇年〜／駅舎、駅前広場、陸橋連絡路などが一体となった再整備を、周辺の商店街や住民と連携しながら推進する）、『草津《くさつ》川跡地整備プロジェクト』（二〇一二年〜／河川としての役割を終えた跡地を人々が憩う魅力ある空間として再生する）、『大分《おおいた》駅　鉄道残存敷活用プロジェクト』（二〇一二年〜／高架化で生じた鉄道跡地を公園にして利活用の方法を考える）なども、コミュニティデザイン2・0の仕事を含んでいるといえます。

本書ではこれからコミュニティデザイン3・0について解説していきますが、新しいフェーズに入ったからといって、源流となる1・0の知識や、2・0の手法が無用になったわけ

『草津川跡地整備プロジェクト』の様子

『大分駅 鉄道残存敷活用プロジェクト』の様子

ではありません。ふるさとを元気にするために活用できることはたくさんありますから、興味のある人はあとがきに紹介する関連図書を読んでみることをおすすめします。

震災から学んだこと

一九九〇年代になってバブルが弾けた時期に僕は大学生になりました。

自分の将来像もまともに描けていなかったことは前述しましたが、大学でランドスケープ（景観）デザインを学ぶうちに、建築が大好きになった。コミュニティデザインはすでに住民参加の時代に入っていましたが、正直に言えば、当時の僕は専門家が理想的とする施設をつくって住民に提供する仕事に、まだ疑問は感じていませんでした。まちを行政が管理することも、普通のことだと思っていました。

思考に大転換が起きたきっかけは、一九九五年の阪神淡路大震災です。都市計画やランドスケープデザインを学んでいた学生は、被災したまちで家屋調査を行うボランティアに駆り出されました。住宅地図を片手に瓦礫《がれき》の中を歩き回り、全壊、半壊、一部損壊と、一軒一軒チェックする作業です。

「いちいち調べる必要なんかあるのか?」

僕はそう感じました。担当した神戸の住吉地区は壊滅的な状況。建造物は電信柱も含めて軒並み倒れている。元のかたちをとどめている家などないことは一目瞭然です。そして、壊れた家の下敷きになってしまった人たちが、まだ大勢残されていた。

建物というハードが人の命を奪ってしまうこともある。絶対に倒れない建物や、絶対に燃えない建物をつくることなど、はたして可能なのだろうか……。そう思ったときのショックは、いま思えば建築に対する僕の意識を変えることにつながりました。憧れにも近い「大好き」という気持ちが醒《さ》め、つくる側ではなく暮らす側の視点で建築というものを深く考えるようになったからです。

そして、もう一つの印象的な光景。住む家を失った人たちが公園に集まって、励まし合い、支え合っている。コミュニティに必要な機能というのは、単に人の数を足し算で測ることではなく、手を取り合うことで大きな力を生み出す掛け算でなければならないと僕は感じたものです。

「ハードの勉強だけでは、まちに関わる仕事はできないぞ」

そう考えるようになってから、住民参加型のまちづくりということも、必死になって勉強しました。そして、具体的な事例を調べるうちに、コミュニティデザイン2・0の手法でも課題が解決されないことがあるとわかったのです。

最大の原因は、まちをつくる側ではなく、まちに暮らす側の意識でした。課題をお金で解決するシステムが発達し、いたれりつくせりのサービスが続々と登場したことは、暮らす側の人間が主体的に行動を起こす機会を失わせる一因になっていました。まちづくりのワークショップの現場でも、文句は言うけれど前向きな意見は何も言わない住民が集まることも多かった。まちを整備する側も、住民の意見を聞くためではなく、一方的に決めた計画を住民に「ご理解いただく」ためにワークショップを利用するケースが出てきていたのです。

計画よりもつながりを

僕が就職した設計事務所は、住民参加型の施設をつくる仕事をたくさん請け負っていました。これはとても幸運でした。給料をもらいながらワークショップの勉強をさせてもらったようなものです。そして、さまざまなワークショップを経験するうちに、ひょっとしたら施設をつくるよりも、住民の主体性を形成することを先に考えるべきなのではないかと思えてきたのです。

意識が「お客さん」と化した住民に、主体性を持ってもらうのは簡単なことではありません。何度もヒアリングを重ねれば、住民の不満はたくさん出てきます。「あれが気に入らん、これが迷惑や」と、文句なら気前よく並べてくれるもの。そこから地域が抱えている課題も明らかになります。が、「どうしたら解決できると思いますか?」と意見を求めると、「それを考えるのがあんたらの役目やろ?」と、思考停止になる人も多い。

それでも根気よく話し合いを続けてもらうと、僕らが想像もしていなかったアイデアが飛び出してきたりもします。同じ地域に暮らしながら、それまで口も利いたことがなかった人同士が——僕らが意図的にチームを組んでもらうこともありますが——ワークショップをきっかけに仲良くなることも珍しくありません。

しかし、コミュニティデザイン2・0のワークショップは、計画がまとまってしまえば解散です。せっかく意気投合して地域のために前向きな意見を出せるようになったのに、このチームを解散してしまうのはなんとももったいない。だったら、整備する側が提示した計画をまとめるためのチームではなく、計画そのものを先まわりしてどんどん生み出していけるチームをコミュニティの中につくってしまったほうが、まちは元気になるのではないだろうか?

コミュニティデザイン3・0は、こんな発想から出てきた手法です。暮らしの主役である住民たちが主体となってまちづくりに携わる仕組み――いわば〝Design by Community〟です。

施設をつくれるデザイナーは日本中にたくさんいるけれど、つながりをつくるデザイナーがいるという話は聞いたことがない。でも、図面を引いているよりも、いろいろなまちで、たくさんの人たちと一緒になって、わいわいがやがやと未来を探っている時間のほうが僕は圧倒的に楽しかった。

「それを自分の仕事にしたい」と口にすると、ほとんどの人は「そんなもん、儲からん」と苦言を呈しました。しかし、僕は楽しく感じられる〝働き方〟を選びたかった。

設計事務所に勤めながら、ほとんど趣味で僕は有志と一緒にまちをリサーチするフィールドワークもしていました。まちの魅力を探るアイデアを、頼まれもしないのに勝手に考えては、メンバーを集めて実行に移していた。たとえば、堺《さかい》市の環濠《かんごう》地区で、民家の庭先にある動物の置物の写真を集めたマップをつくったことがあった。「そんなもん」に、誰もお金を出してはくれません。が、「儲からん」ことを百も承知でやる。楽しいから徹夜もいとわずにやる。

活動の内容は京都で開催された日本造園学会でも発表しましたが、一番喜んでくれたのは環濠地区のまちの人たちでした。できあがったマップや冊子はカフェや美容室にも置いてもらえた。それを見た人が「おもろいわ！」と言って、地区内の商店街から活性化プロジェクト（というほど大それたものではないけれど）の話が持ち込まれたりもした。

そんなフィールドワークの集まりを、僕たちは「生活スタジオ」と呼んでいました。スタジオのラテン語である「ステュディオロ」という言葉は、イタリア式庭園につくられた「好きなものに囲まれて過ごす部屋」のことを指します。

僕自身がフィールドワークで体験したワクワク感を、日本中のまちの人たちに感じてもらうことができれば、住民の主体性を形成する活動は新しい仕事になるに違いない。たとえ「儲からん」ことでも、好きな活動の中に身を置いて多くの人に喜んでもらえるのなら、そこに自分の生き方を重ねよう――。

独立してつくった会社に〝studio〟という呼び名を引き継いだのは、そういう意図もあったからです。そして〝Life（生活）〟への思い……。これについては、第四章で解説しましょう。

スキルをどう表現するか?

独立してからのコミュニティデザイン3・0の仕事は、すぐに軌道に乗ったわけではありません。僕自身、模索していたところも多々あった。「儲からん」という忠告も、身に沁《し》みました。一年目の所得は、三五万円しかなかった。

なにより戸惑いを覚えたのは、自分のスキルをどう表現するかということでした。プロの仕事というのは、素人《しろうと》よりも優れた能力を提供することです。デザイナーであれば、素人よりも上手《うま》い絵が描けなきゃならないし、アイデアの引き出しもたくさんなければならない。蓄積した知識と、豊富な経験と、卓越した技術とをあますところなく提供すれば、「さすがプロやわ、この次もあんたに頼もう」という話になります。

ところがコミュニティデザイン3・0では、そういうプロのやり方が裏目に出てしまいます。「こんなことも知っている」「あんなこともできる」というスキルをストレートに提供すると、「ほな、万事よろしくお願いします」と言って、まちの人たちは自分で考えることを放棄してしまうからです。

このジレンマは、まちづくりの現場では往々にして起こることです。そして、裏目に出ることがいろいろな地域で繰り返されてきました。

市町村では、「どういう地域づくりをするか」という総合計画が策定されます。いわば、まちの未来が描かれた設計図で、行政の最上位計画と位置づけられています。基本構想は通常は一〇年おきに見直され、その取りまとめが外部のシンクタンクやコンサルタントに委託されることもよくあります。

シンクタンクやコンサルタントは「計画づくり」のプロです。しかし、「計画書づくり」のプロと呼びたくなるような仕事も中にはあります。これまでに僕は数百の自治体の総合計画書を見る機会がありましたが、きれいな写真や夢のあるキャッチフレーズが並んでいるばかりで、ちっとも現実味が感じられないものに出くわすこともあります。興味があれば、自分が住んでいるまちの総合計画もぜひ一度読んでみてください。どこの役所でも必ず冊子が置いてあるはずです。

驚くことに、役所の職員の中には自分のまちの総合計画書を「読んだことがない」という人も少なくありません。プロに全面的に任せた計画は、自治体や住民には「私たちが考えた未来」とは思えなくなってしまい、「自分たちの手で実現させる」という情熱になかなか火が着いてくれないものなのです。

さらに、中山間離島地域のふるさとには、別な問題も見受けられます。都市部で仕事をしているプロは、開発型の利益モデルで成長を促す未来を描こうとする傾向があります。しかし、人口減少先進地のふるさとにとって、地代家賃で収益を見込んだり、有名ショップの出店で集客を図って地域経済をまわしていくようなプランは参考にはならない。都会と同じやり方を盛り込んだ総合計画に、中山間離島地域の人たちが主体性を持って取り組めば、むしろ悲劇を招くことにもなりかねません。

計画と実行——そのどちらも主体となるのはプロであってはならないのです。そこに気がつけば、スキルを「提供する」のが僕らの仕事ではないということがわかってくる。キーワードは〝Empowerment〟。これは日本語で上手く表すのが難しいのですが、「力を増幅させる」といった意味で、もっとわかりやすく言えば「やる気や勇気や元気を出してもらう」ということ。

未来に向かうまちを列車にたとえて言えば、僕らがレールを敷いたり、先頭車両になってグイグイ引っ張って行ってはならないのです。一番後ろにくっついて、ときどき押しながら車両全体が前に進むことを支援するのがコミュニティデザイナーの役目。そして、列車が〝自走〟を始め、坂道も力強く登れるくらいになったら、僕らは最後尾からそっと切り離されていけばいい。

それがコミュニティデザイン3・0に求められるスキルの表現だということを、僕自身もいろいろなまちと、まちの人たちとの関わりの中から学んだのです。

3・11以降――

阪神淡路大震災が僕にとっての大きな転機になったと書きましたが、二〇一一年に起きた東日本大震災はコミュニティデザインという仕事への関心が世の中で一気に高まった出来事ではなかったかと感じています。

3・11以前は、「コミュニティ」という言葉そのものに対する拒絶反応みたいなものを感じることもよくありました。とりわけ年配者には、イデオロギーとしてコミュニティをとらえている人もいる。僕には偏った思想は全然ありません。スタンスは常に中立。にもかかわらず、「コミュニティデザインというのは……」と話を始めると、「コミュニスト（共産主義者）か？」「左翼か？」と言って怪訝《けげん》な顔をされたことも度々ありました。

その時期の僕は髪の毛を短く刈り上げていた。理由は、一九七〇年頃の反体制運動に参加していた学生たちのシンボルが長髪だったこと。コミュニティデザイナーという肩書きのために妙な誤解をされては困ると思い、演出の目的もあって坊主頭にしていたのです。おかげで「怖い人？」という第一印象を持たれてしまうこともしばしばでしたが。

若い人たちには、僕らが地域の中でつくろうとしている「つながり」に抵抗感を示す人もいました。バーチャルでつながるSNSが日常的なコミュニケーションツールになっている世代には、限られた地域の中でつながる関係を「近すぎる」と感じた人もいたようです。

実際に、近すぎる関係というのは、ときに負担を感じさせるものです。家族や親友や恋人ならいざ知らず、同じまちに住んでいるという理由だけで干渉されたり、当番みたいな役割が回ってきたりすれば、つながりは「しがらみ」に感じてしまうこともあります。かつて、共同作業が多く相互監視が当たり前だった時代の中山間離島地域では、しがらみの窮屈さから解放されるということも都市部に移り住むメリットに思われていたに違いありません。

しかし、「いいあんばいのつながり」は、何かあったときに必ず役に立つ。それを日本中が再確認したのが東日本大震災だったという気がします。

仮想空間で世界中とつながる関係もいいけれど、顔が見えて手が届く関係にしか支えられないこともある。大きな課題を乗り越えるには、みんなが心を一つにして力を合わせる。それが未来を切り拓《ひら》くことなんだと、多くの人が感じたのではないでしょうか。

3・11以降、「つながり」という言葉はメディアでも盛んに使われるようになりましたし、

「コミュニティ」を話題にしても眉をひそめられるようなことがなくなったという実感があります。コミュニティのあり方をテーマにした講演や勉強会も各地で企画されるようになり、僕も講師に呼ばれる機会が増えた。いまなら安心して髪を伸ばすことができます。

「地方の時代」というテーマは、もうずいぶん昔から何度も叫ばれてきたことです。日本に限らず、イギリスやアメリカでも都市部が肥大するたびに地方の活性化が議論されてきました。それで地方の存在が一時的に脚光を浴びることはあっても、すぐに熱が冷めるということが繰り返されてきた。

でも、今度ばかりは違う予感があります。一番の理由はインターネットです。SNSなどによってヴァーチャルな人間関係は助長されましたが、その一方で情報や流通の分野では革命的な変化が起こりました。都市から「遠い」ということは、いまや中山間離島地域にとってハンディキャップではなくなってきた。言い換えれば、都市部でなければならないという必然性が、さまざまな分野から消えつつあるわけです。

ふるさとは、これからどんどんおもしろくなる……、いや、すでにおもしろくなってきていると言うべきでしょう。具体的な事例は第五章で紹介しますが、いまの日本に必要なのは、ふるさとの担い手に育ってもらうことなのです。

二つの〝ふるさとの担い手〟たち

ふるさとの担い手には二つの立場があります。

一つは僕らのようなコミュニティデザインの実践者。この数は決定的に不足しています。いま studio-L には二五名のコミュニティデザイナーがいて、年間約六〇件のプロジェクトに関わっていますが、全国のふるさとから持ち込まれる依頼の多さに悲鳴を上げているような状態です。だからといって、簡単にはスタッフを増やせない。もちろんアルバイトでできる仕事じゃない。

最低限必要な知識を身につけ、ある程度の現場研修を経なければ、コミュニティデザイナーとして一人前にはなれません。コミュニティデザインのスキルはオリジナルです。だからコミュニティデザイナーがみんな僕みたいにおしゃべりなわけじゃない。studio-L には、もっとまじめなスタッフもいるし、無口なタイプもいます。みんな自分の性格や特技を活かせるスキルを、自分自身で試行錯誤しながら構築してきたわけで、そのためには相応の時間も費やさなければならないのです。

東北芸術工科大学にコミュニティデザイン学科を設置した理由の一つも、できるだけ若いうちにコミュニティデザイナーとして一人立ちできる人材に育ってほしかったからです。そのために戦略的に東北芸工大のデザイン工学部につくったのです。

ふるさとのことを学ぶためのキャンパスは、東京や大阪を中心とした大都市よりも、ふるさとの魅力を身近に感じられる地域にあったほうがいい。また、東日本大震災に見舞われた東北地方では、まちづくりへの意識も高まっています。僕自身、阪神淡路大震災を経験したことがきっかけで、まちを元気にする仕事を模索するようになった。そのときの僕と同じ思いを、東日本大震災の後に抱いた若者もたくさんいるに違いありません。日本で最初のコミュニティデザイン学科を東北につくった理由はそこにあるのです。

当初は社会教育や社会福祉を教える学部に設置したほうがいいのかなとも考えていました。しかし、コミュニティデザイナーに不可欠な力はデザイン的発想です。何かをつくるセンスと言ってもいい。これは知識ではありません。デザイン関連の本をたくさん読めば手法は知識として学ぶことができますが、それは誰かがどこかでやったことに他ならない。デザイン的発想の原点は、まだどこにもないものを生み出そうとする好奇心と情熱。その力は、理屈抜きに「とにかくつくりたいんだ！」という強い欲求がなければ湧いてこない。

芸大の門を叩《たた》いた学生には、その素養があります。僕は二〇一一年から二〇一五年まで京都造形芸術大学でも空間デザインやソーシャルデザインを教えていましたから、芸大生には変わり者（常識にとらわれないという意味で！）が多いということもよくわかる。芸大には、有形無形のものづくりの環境があります。建築やプロダクトなどの作品をつくりたい人と、演劇や文芸といった作品をつくりたい人が、お互いに刺激を受け合いながら自分のスタイルを確立することができるのが芸大なのです。そこで学んだことを活かし、自分らしいデザイン的な発想でまちに関われる若手にこそ、ふるさとの課題に取り組んでほしいというのが僕の願いなのです。

そして、もう一つの重要な人材が、ふるさとを元気にする主体となる実践者。

都市部と離れていることはふるさとのデメリットじゃない、それどころか都市部にはない魅力の宝庫として注目されている中山間離島地域も日本にはたくさんあるのです。

たとえば、島根県の隠岐《おき》諸島にある海士町《あまちょう》。人口二三〇〇人の小さな島ですが、過去一〇年の間に四〇〇人を超える人が移住しています。いわゆるIターン者で、新しいふるさとを自分で見つけた人たちです。都市部で結婚して子どもが生まれた夫婦が、「自分たちの子どもを豊かなふるさとの暮らしの中で育てたい」という動機で移住してくるケースも後を絶ちません。また、都会でのサラリーマン人生を捨てて、自分らしい働き方を実現するために海士町に来る若者もたくさんいます。

都市部で生活している読者のみなさんの中には、「都会のほうが豊かに暮らせる」というイメージがあるかもしれません。であれば、一度〝現実〟を調べてみたらいいと思います。海士町の子どもたちが通う地元の県立隠岐島前《どうぜん》高等学校は進学率も高く、全国の都市部から「留学」してくる学生がたくさんいます。京都造形芸術大学を卒業して海士町役場の嘱託《しょくたく》職員になった僕の教え子は、当初の給料が月一五万円だったのですが、「それで苦しくないのか？」と聞くと、「毎月一〇万円ずつ貯金してますよ！」という答えが返ってきました。

子育て、就労、居住に関する負担への自治体の支援は、現在では都市部よりも中山間離島地域のほうがはるかに手厚く行われていると言えます。東京の有名会社に就職した別な教え子は、入社三年で月給三〇万円以上もらいながら、「貯金はほぼゼロ」だそうです。

僕は都会生活が悪いと言うつもりはありません。都市部にいなければできない仕事もあるし、自然よりも都会の雰囲気が好きだという価値観があることも認めています。でも、「都会のほうが豊かに暮らせる」と思っている人は、その明確な根拠が自分自身の中にあるのか、自問してみる必要があると思います。そして、根拠が見つからなかったのであれば、中山間離島地域というふるさとが自分の生き方や働き方を表現する場所になる可能性を考えてみてもいいのではないかと思っています。

「風土《ふうど》」という言葉がありますね。ふるさとの魅力というのは、そこに吹く風と、そこにとどまる土によって育まれるものです。

いろいろな地域に訪れては去っていく僕たちコミュニティデザイナーは「風の人」です。一つの地域にとどまって自分らしい豊かな生き方を見つけて暮らすのが「土の人」です。

風の人と、土の人――二通りの実践者が若い世代の中からたくさん生まれることで、日本中のふるさとが元気になっていくと僕は考えています。

第三章

自分の未来をどう描くか

誰にでもある「好きなこと」

将来、自分がどんな人生を過ごしていきたいのか?

かつての日本人なら、自分の未来は家業に大きく左右されました。長男に生まれていれば、家督を継ぐことが義務にもなった。未来の描き方に自由度はあまりなかった。

逆にいまは、自由度も選択肢もあり過ぎて、若い時期に自分の未来を明確に描くのが難しい時代ではないかという気がします。目標がないまま進学し、卒業前になってから「さて、どうしよう?」と悩む人も少なくない。

人のことを言えた義理ではありませんが、この章では自分の〝未来の描き方〟について、みなさんと一緒に考えてみたいと思います。

やりたい仕事が見つからないという人は、いまの日本では決して少数派ではありません。就職してからも、「これが本当に自分のやりたい仕事なのか?」と感じている人の声もよく耳にしますし、学生のうちから「働きたくない」と言い出す人までいる。

でも、誰でも何かに夢中になった経験は持っているはずです。思い起こしてみてください。部活動でもいいし、遊びでもいい。僕にも中学生時代、親に隠れて布団の中でもドラクエに夢中になっていた経験があるけれど、「時間を忘れるくらい打ち込める」という感覚は、人間に備わっているとても大事な回路だと思っています。

大学二年生のとき、同級生と将来の働き方について話し合ったことがありました。彼は「働きたくない」というタイプ。趣味のことだけを考えていたいけれど、それでは食べていけないから公務員になりたいと言いました。朝九時から夕方五時までは我慢して働く、それ以外の時間は全部好きなサーフィンのために使いたいというのが彼の意見。

みなさんは、どう思いますか？　僕はまったく賛成できなかった。九時から五時まで我慢して働くなんて、考えただけでゾッとした。目が覚めてから寝るまでの時間、僕はずーっと好きなことだけをやっていたかった。好きなことを仕事にして、寝る時間を忘れるくらい毎日やり続けたいと、そのとき同級生に言ったことをいまでもはっきり覚えています。

どちらの意見が参考になるかは、みなさんが判断してください。僕の考えが絶対に正しいと言うつもりはありません。肝心なのは、正反対に思える二人の意見が、どちらも「好きなこと」を基準にしていることです。自分の未来を描くときに、この視点は非常に重要になるはずです。

建築が好きになった僕は設計事務所に就職しました。同級生は公務員になりました。二人とも、それほど外れた道には進まなかったことになりますが、社会に出てみたらお互いに予想もしていなかった未来が待っていたのも事実です。

まさか自分がモノをつくらないデザイナーになるとは、僕は想像していなかった。同級生も言いました。まさか公務員に残業があるとは思わなかった、と。

遊びで培った感覚

就職してから趣味でやっていた生活スタジオの活動は、まさに好きなことであり、僕にとって時間を忘れて打ち込めるものでした。大阪の地図を広げて、ダーツの矢が当たったまちに出掛けて行っては、「この地域に何か課題はありませんか?」と聞いて回ったりしていた。もう、完全に遊び感覚です。

当時の遊びをもう一つ挙げると、『イワレ捏造《ねつぞう》技術開発機構』というものもつくりました。「イワレ(謂《い》われ)」というのは由緒や来歴のこと。「捏造」は、ないものをあるように仕立てることで、早い話が「でっち上げる」こと。

たとえば、大阪の御堂筋《みどうすじ》のイチョウ並木にひときわ大きな老木がある。これは初代の大阪市長が一本だけ生えていたイチョウの木を見て、御堂筋をフランスのシャンゼリゼ通りのような世界に誇れる名所にしたいと考えて、後から一〇〇〇本ものイチョウの苗木が植えられたことによる――。

という事実はどこにもないのですが、こういうイワレがあると、御堂筋のイチョウ並木に対する印象が変わってきませんか？　たわいのない遊びと言ってしまえばそれまでですが、何かストーリーがあれば、まちが新しく見える可能性があるということを、僕らは一生懸命考えたりしていました。この遊びを始めたのは僕でしたが、すぐに生活スタジオのメンバーたちが参加してくれた。その面々はいま、studio-Lのコミュニティデザイナーとして活動しています。当時から、まちに関して同じ価値観を持っていた仲間が生活スタジオには集まっていたわけです。

エピソードをつけ加えれば、大阪市の橋下市長が「御堂筋をシャンゼリゼ通りのようにしたい」と発言して、側道の整備が二〇一四年から始まりました。一五年も前に僕らが考えたイワレは、まんざらデタラメでもなかったようです。

こういった楽しい遊びをどうしたら仕事にできるかと考えて、出版社みたいな会社をつくろうかと考えた時期もありました。思えばいろいろな試行錯誤を経て僕はコミュニティデザイナーという仕事にたどりついたわけですが、遠回りした理由は未来の描き方が下手《へた》だったからかもしれません。

未来から引き返してくる

僕の未来の描き方はフォアキャスティングでした。これはシナリオなどの作成に用いられる思考法の用語。現在を基準として、必要な要素を積み重ねながら未来を目指すアプローチです。

サラリーマンになると、入社した時点での自分が基準になり、同期の社員とともにヨーイドンでキャリアを積み重ねて未来に向かう人も多い気がします。フォアキャステイングで未来を描く生き方は、頑張るほど先に進める、力のある人ほど前に出られるという側面もありますが、ゴールがどこになるのかは最後までわからない。

これに対して、バックキャスティングというアプローチがあります。基準になるのは未来。ゴールを先に設定し、そこから現在を振り返りながら、いまやるべきことを導き出す思考法です。たとえば小説や映画で、最後に驚きの結末が待っていたけれど、その結末を呼び込む伏線が作中にいくつも散りばめられていたなと感じたことはないでしょうか？　バックキャスティングというのは、そういう未来の描き方です。

海士町の『島の幸福論』

前章で海士町のことを紹介しましたが、『島の幸福論』というタイトルをつけた海士町の総合計画は二〇〇七年にstudio-Lが策定を手伝ったものです。当時は過疎化と少子高齢化が進み、島前高校には廃校の話も出ていました。その島の未来を描くときに、若者が激減しているという課題をフォアキャスティングで解決しようと思えば、中学卒業後に島外の高校に進学する生徒を引き留めることが喫緊の施策になっていたに違いありません。

しかし、海士町ではもっと希望にあふれた未来を設定しました。それは、全国から子どもたちが集まってくる島になること。海士町には、離島ならではの美しい自然と、島を守ろうとする住民の高い意識があります。それを都市部にはない魅力として活かすシナリオがバックキャスティングで描かれ、「島留学」というプロジェクトが生まれました。そして、環境問題やまちづくりに関心を持った中学生が、どんどん島前高校に集まってくるようになった。それがいまの海士町の姿なのです。

海士町の事例は、僕にとっても多くを学んだ仕事でした。その経験は、二〇〇九年に関わった岡山県の笠岡《かさおか》諸島での総合計画づくりにつながっていきます。

七つの小さな島からなる笠岡諸島は、海士町ほど本土からは離れていません。そのため島内には高校がない。子どもたちの大半は中学校を卒業すると本土の高校に通い、本土の大学へ進み、そのまま本土で就職します。一度島を出た若者は、盆と正月くらいしかふるさとに帰ってこなくなる。高齢化率はどんどん高くなり（五六・五パーセント）、二四二九人が暮らす島は消滅の可能性がある限界集落になっています。

地元に高校がない以上、進学のために子どもたちが島を出ていくことは止められない。ここは海士町とは決定的に違っていました。考えなければならないのは、島を出た子どもたちが、大人になってから戻ってきたいと思えるふるさとの姿です。そんな未来の設計図となる総合計画を、笠岡諸島のプロジェクトでは未来の主役となる子どもたち自身につくってもらうことにしたのです。

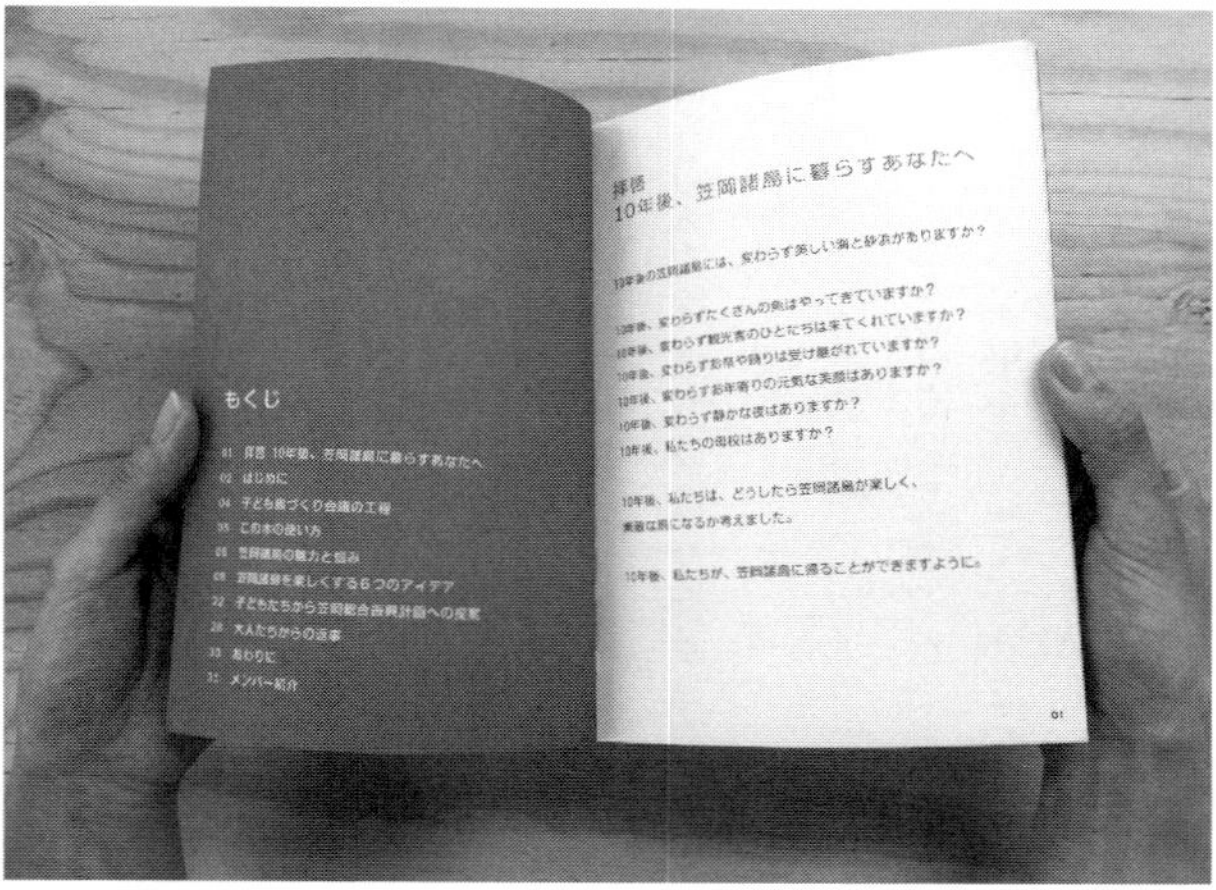

『子ども笠岡諸島振興計画』に掲載された手紙

七つの島から小学五年生以上の子ども一三人を集めて、「笠岡子ども島づくり会議」と名付けたワークショップを実施。島の魅力を子どもたち自身に発見してもらうと同時に、自分のふるさとが抱えている課題も探ってもらった。そして、「一〇年後のふるさとに何を望むか？」というテーマでディスカッションを重ね、そこから生まれたアイデアや提案の内容を『子ども笠岡諸島振興計画』としてまとめ上げたのです。

サブタイトルには「10年後の笠岡諸島への手紙」と掲げました。総合計画の最初のページにある手紙は、子どもたちから大人たちへの宿題です。「一〇年後に望み通りのふるさとになっていなかったら私たちは島に戻ってきませんー!」というメッセージを提示されたことで、大人たちの意識も一気に変わり始めます。一〇年後の未来のために、いま何をすべきかをバックキャスティングで必死に考え、七つの島の大人たちが主体となって廃校活用や公民館活用などを模索するワークショップが開催されるようになったのです。

バックキャスティングは、生き方や働き方を考えるときにもとても役に立つ思考法です。基準になる自分の未来像がわからない、先のことなんかわからないという人もいるかもしれません。でも、決まっていない未来は、他人に決めてもらうものじゃない、自分で決めていいのです。

決めた未来の通りになる保証はないぞ、という不安は感じるでしょう。何が起こるかわからないのが人生です。でも、バックキャスティングの利点は、何度でも修正できること。現在の設定を変えるのは難しいですが、未来の設定は簡単に変えることができます。災害などの予期せぬ状況変化に見舞われたり、もっと他にやりたい素敵な目標が見つかったりしたときは、新しい未来を訪ねて、そこからあらためて戻ってくればいいのです。

バックキャスティングは、タイムマシン法とも言われます。行き先が表示されたチケットさえ持っていれば、タイムマシンは何度でも乗り換えが可能なのです。

未来を描く「三つの輪」

この本の原稿を書いているときに、ちょっとおもしろい新聞記事を目にしました。

〈小1「将来就きたい職業」会社員が初圏外〉という記事です。

ランドセルのメーカーが毎年実施している調査だそうですが、一〜五位は男の子が「スポーツ選手」「警察官」「運転士・運転手」「消防・レスキュー隊」「TV・アニメキャラ」、女の子が「ケーキ屋・パン屋」「芸能人・歌手・モデル」「花屋」「教員」「保育士」となっていました。男の子で「会社員」と答えたのは、わずか〇・七パーセント（二四位）。この調査結果を見ると、小学生たちは純粋な気持ちで未来を描けているんだなという気がしてきます。

ちなみに親が子どもに「就かせたい職業」というランキングもあって、ここでは男の子の一位に「公務員」、五位に「会社員」が入っています。でも、通勤ラッシュでクタクタになって帰ってくる父親の姿を見ていたら、子どもたちは憧れる気にはならないのでしょう。

自分で決めていい未来ですから、自分の素直な気持ちを曲げる必要はないと思います。しかし、朝から晩までドラクエをやり続けて生きてはいけない。やりたいことを見つけるときの基準は一つではありません。僕が学生たちによく話すのは、三つの輪が必要だということ

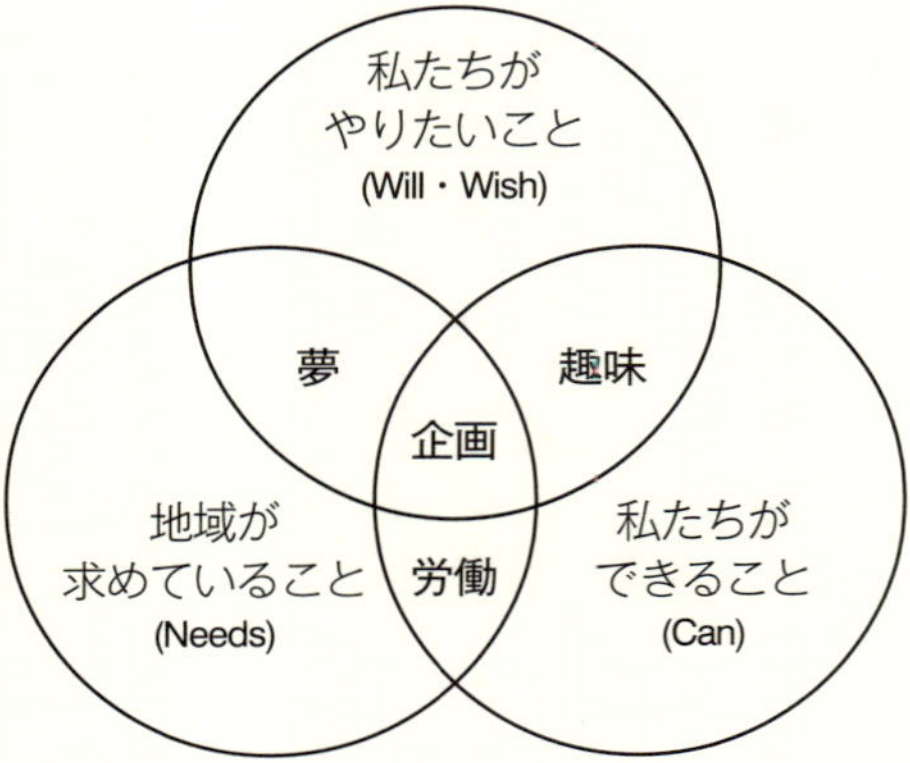

未来を描く「3つの輪」

です。

第一に、「私たちがやりたいこと」。好きなことや、楽しいと感じることがまずは大事になります。第二に、「私たちができること」を考える。得意なことや、それまで培ってきたものを活かせる〝自分らしさ〟が大事になってきますが、この二つだけでは趣味や娯楽になってしまうこともある。また、やりたいことを、できる範囲でやっているだけでは、長続きはしないかもしれない。そこで、第三に「地域が求めていること」という要素が必要になってきます。

この三つの輪を合わせたとき、重なる部分にあることなら、「社会との関わりの中で持続可能なあなたらしい仕事」になりえるはずです。これは僕がプロジェクトやボランティア活動を企画するときの指標なのですが、人の〝働き方〟にも当てはめることができると考えています。

白状すると、この指標は僕のオリジナルではありません。三つの輪の理論はまちづくりの分野では古くからいわれてきたことですし、さらに古い時代に目を向ければ、多くの成功者を輩出してきた近江《おうみ》商人（いまの滋賀県に拠点を置いて全国に特産品を売り歩いた行商人）には「売り手よし、買い手よし、世間よし」という理念がありました。言ってみれば、日本に昔からあった働き方の知恵でもあるのです。

働き方については、第二次大戦中にドイツからアメリカに亡命したハンナ・アレントという思想家も、『人間の条件』という著書の中で別の角度から三つの指標を提示しています。僕なりに大雑把に説明すれば、「労働」は生産のために他者から強いられるもの、「仕事」は将来に残る生産物をつくること、「活動」は自発的に行うことで外部に影響を及ぼすこと。

図表に示した三つの輪の中心に、もしもみなさんの「ふるさと」につながる〝活動〟があったとしたら、未来は「風の人」もしくは「土の人」として生きていくことになるかもしれませんね。

計画された偶然性

描いた未来に一歩一歩近づいていくために、知っておいて欲しい考え方がもう一つあります。「プランド・ハプンスタンス理論」というものです。これはスタンフォード大学のジョン・D・クランボルツ教授が提唱したもので、日本語に訳せば「計画された偶然性」となります。

おかしいと思いませんか？「Planned＝計画されたこと」と「Happenstance＝偶然の出来事」は相反する言葉です。しかし「幸運」は意識している人のところに訪れるというのがクランボルツ教授の理論。

根拠となっている興味深い指摘があります。クランボルツ教授は、「豊かな人生に満足しています」と答えた三〇〇人にヒアリングを行いました。そして、「どうやってその未来にたどりつくことができたのか？」を調べると、圧倒的に多かった理由が「幸運な偶然」だったのです。

そこで、今度は彼らの共通点を探ってみると、思考や行動に特徴的なパターンがあることが判明します。思い立ったら行動に移す、自分から人に会いに行く、新しいことに興味を持つ……。そういう積極性が「幸運な偶然」に結びついていることが確認されたのです。

読者のみなさんにも思い当たることがあるのではないでしょうか？　同じことばかりを繰り返している日常には、偶然は訪れにくいものです。非日常の中にこそ偶然は潜んでいます。「発見」と言い換えてもいいでしょう。わかりきった日常とは違った世界に足を踏み入れてこそ、幸運の芽は見つけることができる。

人との出会いは、その最たるものです。ただし、出会いという幸運の芽を育て、花を咲かせて実らせることができるかどうかはその人次第。社会人になれば初対面の人と名刺交換をする機会も増えてきますが、大事なことは交換した名刺の数ではなく、その中の何人と新しい活動を展開できるかということです。

コミュニティデザイナーがふるさとで行うワークショップは、地域の中に埋もれていた幸運の芽を育てる機会とも言えます。通常は集まった人たちを七名くらいのチームに分けますが、普段から仲のいい人同士は違うチームになってもらいます。できるだけ親しい関係にない人たち、異なる意識や価値観を持った人たちに同じテーブルについてもらう。こうすることでチームの活動は非日常になります。新鮮な環境に置かれ、相手が知らない情報をお互いに交換し合うことで、まちを元気にするアイデアが出てきやすくなるわけです。

幸運を引き寄せる能力は、心理学でも「セレンディピティ」という用語でメカニズムが研究されています。こちらは、課題への意識と呼んでもいいでしょう。たとえばデザインを勉強している学生であれば、本や雑誌を読んでいるときに「デザイン」という活字が自然に目に飛び込んでくるものです。でも、デザインに無関心な人なら、気に留めずに読み飛ばしてしまうことになる。

描いた未来に近づくために、自分が何を勉強すべきかということが明確になっている人なら、関連する言葉や人や出来事に出くわす確率も高くなるということです。「幸運」というと、自分の意志とは関係なく訪れるもののようにとらえがちですが、幸運を手にするために人ができる努力こそ、〝学ぶ〟ということなのだと僕は考えています。

自ら学ぶ姿勢の大切さ

僕は小さい頃から勉強が好きだったわけではありません。学校の授業を「おもしろいな」と感じて夢中になった経験も、そんなにあるわけじゃない。

教育の分野にもいたれりつくせりの影響が表れているのかもしれないけれど、日本の学校は（すべてがそうだとは言いませんが）先生が教えてくれる場になっていて、生徒や学生が主体的にテーマを見つけたり、解決する方法を自分で編み出す技術を身につける場にはなり得ていない印象があります。僕自身、大学で学生を指導する立場として、そうなっちゃいけないぞと、自戒の意味も込めてそこを課題視しています。

自ら学ぶ姿勢の大切さ、というより必要性を僕が痛感したのは、大学四年生のときでした。環境デザインの勉強をするためにオーストラリアのＲＭＩＴ（ロイヤルメルボルン工科大学）に留学する機会に恵まれたのです。そこでの日々は、日本の学校とはまったく違っていました。

まず、学生が違った。働きながら学ぶ人、子育てをしながら学ぶ人、定年退職した年輩の人もいた。みんな、自分で描いた未来へのチケットを持って大学に来ている。授業をサボる学生なんかいれば、「なぜあなたはここに来たの？」という目で見られる。

先生も違った。あれを学びなさい、これを勉強しなさいという先生はほとんどいない。何を学ぶのかは、学生自身が企画して、自分で教材になる本を買って読み、資料を探して調べる。それでもわからないことが出てきたときに、初めて先生の出番となるのです。

主体的に動かなければ、ここでは何もやることがないと知ったときは、かなりのショックを受けました。で、それから一生懸命本を読むようになったけれど、英語が得意なわけではない。だからムリだ、という気持ちにはならなかった。英語圏以外の国から来ている留学生は僕一人じゃない。英会話を勉強しながら環境デザインを学んでいる人もたくさんいる。それに、東洋から来た留学生が片言《かたこと》の英語しか話せないことは、現地の人たちにとってはちっとも不思議なことではないのです。先生は教えてくれないけれど、学生や地元の本屋さんはこちらの質問に親切に答えてくれる。留学先という非日常の中で、僕は持ち前の積極性(図々しさか?)を発揮して、学ぶことの楽しさを知っていった。気がつけば、英会話の力も少しは上達していました。

そして、オーストラリアで僕は素晴らしい幸運に恵まれたのです。シドニーで開催された建築学会のシンポジウム。そこには毎年、将来が嘱望《しょくぼう》される建築家が呼ばれて、基調講演が行われます。その年は日本から妹島和世《せじまかずよ》さんが招待されていました。妹島さんは建築界のノーベル賞といわれるプリツカー賞をいつか必ず取るぞと期待されていた(二〇一〇年に受賞します!)、当時から世界で大注目の建築家……なのですが、そんなすごい人だとはまったく知らずに、僕は久しぶりに日本語の話が聞けるぞという軽い気持ちでシンポジウムの会場に出掛けました。

ところが、妹島さんの講演は英語だった。当日になって通訳が熱を出してしまい、予定外の変更。講演は無事に終了しましたが、じつは妹島さんもそれほど英語が堪能というわけではなかった。講演後に外国人から質問攻めにあっていた妹島さんから、「誰か日本語がわかる人はいませんか？」という要請があり、たまたま会場にいた僕がにわか通訳として同席することになったのです。

偶然知り合った建築界の大先輩に、僕は自分の胸の内を相談しました。モノをつくらずに、人と人とがつながる仕組みをつくるデザイナーが、はたして必要とされる仕事なのか？妹島さんは嫌な顔ひとつせずに、世間知らずの学生の悩みに答えてくれました。それは、とてもシンプルだけど、力強いアドバイスでした。

「あなたはデザインに興味があるんだから、モノづくりの魅力を忘れることはないでしょう。そっちに戻りたくなったら、いつでも戻って来られるのだから、いまは自分の気持ちを信じて、やりたいと感じていることをやってみたらいい」

そのとき僕は、ポンと背中を押してもらったような気分でした。どこにもない仕事、まだ誰もやっていない働き方だけれど、それを自分の未来に設定してもいいんだと思えた瞬間でした。

もしも妹島さんの一言がもらえていなければ、僕はコミュニティデザイナーにはなっていなかったかもしれません。それくらい大きな出来事でしたが、いま思えば妹島さんとの出会いは僕に未来を与えてくれたプランド・ハプンスタンスだったのかなという気がしています。

本とのつき合い方

留学時代に身につけた学び方で、いまも非常に役に立っていると感じるのが本を読むことです。

ＲＭＩＴの校舎は街中に建っているビルで、学生たちが作業をする研究室がなかった。学生は自主的にお金を出し合ってフラット（共同スペース）を借り、そこで図面を引いたり模型をつくったりするのが慣習になっていました。大学の周辺にはそういうフラットがいくつもあって、〝studio〟と呼ばれていた。

僕が使っていたstudioは、五〇畳くらいの広さがある古いアパートの一室。そこを一〇人の学生でシェアしていました。学生の自主運営だから、勉強したくなったり、同級生と話がしたくなったら、いつでも使うことができる。

余談ですが、僕が社会人になってから始めた趣味の活動に「スタジオ」という名称を提案したのは、留学時代に学んだstudioの自由な雰囲気がとても刺激的だったことが理由だし、いまの大阪の事務所の内装もそのときのstudioの環境をイメージしてデザインしています。

留学して自分が使うstudioが決まったとき、机は卒業した先輩のものを譲ってもらいましたが、本棚がなかった。拾ってきた板を組み立てて自分で本棚はつくりましたが、持っている本が少ないから中はスカスカです。ところが、同級生たちは天井まで届きそうな大きな本棚を用意していて、みんなものすごい量の本を持っていた。何かを調べたいと思ったときは、同級生たちに質問すれば、「それならここに書いてあるよ」と言って誰かが役に立つ本を貸してくれたものでした。という意味では、同級生たちも僕にとっては先生のような存在だった。

じつはそれまで、僕は本を読むことが習慣にはなっていませんでした。半ば強制的に読書を習慣化してもらったのが留学生時代だったのです。

大学では文書講読という授業もあった。一週間で一冊本を読み、レポートを書いて提出するというもの。読書感想文みたいなものですが、単なる感想ではなく、自分の考えや、書かれている事象をさらに深く調べてわかったことなども要求される。非常に高いハードルで、最初の頃は辞書と首っ引きで読んだけれども、一週間で一冊の本を半分も読めなかった。

しかし、読書には間違いなく「慣れ」があります。たくさん読めば読むほどスピードも上がるし、理解力も高まる。どのページのどの部分にもっとも作者の主眼が置かれているかもつかめるようになってくるし、多くの本を読んだ経験があるほど良書・悪書の判断も的確にできるようになる。留学から戻ってくる頃には、スラスラとまではいかないけれど、洋書もそれほど苦にせず読めるまでになっていました。

帰国してから本屋さんに立ち寄るのが日課のようになりましたが、あらためて気づいたのは日本の出版事情の良さです。オーストラリアで必死に探し回って、ようやく見つけたと思ったら恐ろしく高額だった……。そんな専門書が翻訳されていて、二五〇〇円くらいで買えたりしたことがたびたびありました。海外で注目された専門書や研究書は、かなりの割合で日本でも翻訳されています。しかも、その分野に詳しい識者による日本語の解説が巻末に書き加えられることも多い。本を読んで学ぶには、日本は非常に恵まれた環境にあると思いました。

大学院に進んでからは、読みたいと思った本は片っ端から買いまくった。当時はネット通販もありませんでしたから、欲しいと思って書店に行っても、在庫がなければ入手まで数週間待たなければなりません。調べたい、学びたいと思ったときに、これでは困る。いますぐ必要ではないけれど、いつか役に立ちそうだと思った本まで含めて、数千冊は買いました。

図書館を利用すれば、たいていの本は見つかります。しかし、本は借りるよりも買ったほうがいいというのが僕の考えです。これは体験として言えること。

設計事務所にいたとき、上司から調べものを頼まれることがよくありました。インターネットで調べられることもありましたが、より深くて信頼できるのは活字化された情報です。図書館に通って、該当する本を探して、必要なページをコピーして上司に提出したことが新入社員の頃には何度かありました。

でも、思ったのです。図書館へ行ってコピーをとって帰ってくるまでに、二、三時間はかかる。買えば三〇〇〇円する本の一部をコピーして五〇〇円で済めば、二五〇〇円浮いたことになるけれど、二五〇〇円のために二、三時間も費やしていることになる。それが自分の働きでいいのか？

本を買うことのメリットは、大学院時代の経験でもよくわかっていました。自分の本ならマーカーを引いたり、付箋《ふせん》を貼ったり、書き込みもできるし、読みながらチェックをした部分は必ず記憶のどこかに残ります。その本がいつでも取り出せる身近な本棚にあるという状態は、大きな自信につながります。

留学していたときに、僕の質問に対して同級生が「それならここに書いてあるよ」と言って自分の本棚から瞬時に目的の本を取り出すことができたのは、彼らが本とのつき合い方を

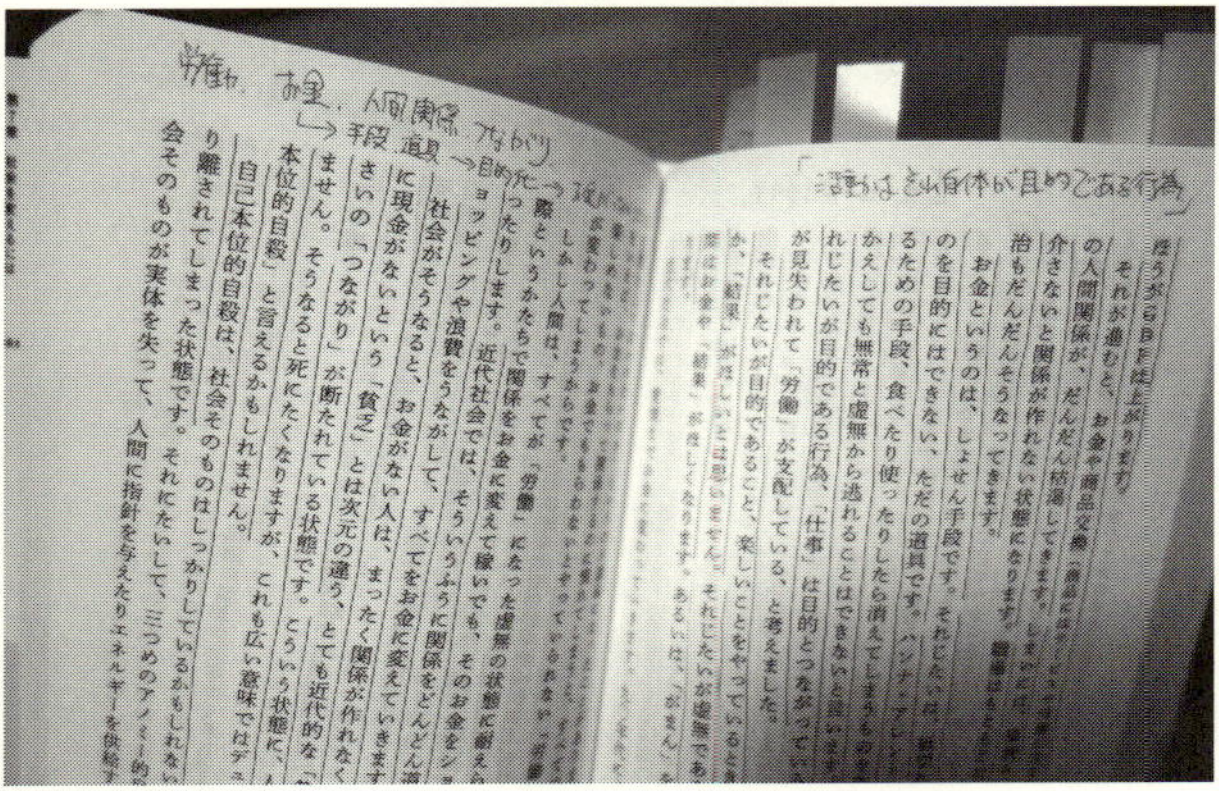

赤線だらけの本

studio-L の本棚

よく知っていた証拠なのです。

どんな情報がどこにあるかを探り当てる能力が高ければ、資料作成などのスピードも格段にアップします。スピードは、働き方が評価されるときの重要なポイントになるというのが僕の考え方。本との上手なつき合い方は、その大切な力を養ってくれることにつながります。

アルバイトで失うもの

大量の本を買うために僕は相当な金額を使いました。まだ学生だったとき、そのお金はどうしたのか？　親からの借金です。正確に言えば、受けていた仕送りを倍にしてもらったのです。

「僕は勉強するために大学院に入った。だから時間もお金も学ぶことのために使いたい」

という内容の手紙を親に書きました。学ぶ時間を捻出するためにアルバイトは辞めた。辞めたらお金が足りずに本が買えなくなった。就職したら必ず返すという条件付きで、金銭的な援助を親に求めたのです。

手紙は便箋《びんせん》ではなく、新聞のチラシの裏に書きました。お金に困っていることをアピールするためとはいえ、幼稚で姑息《こそく》な手段でしたね。でも、書いた内容は本心だった。裕福な家ではなかったけれど、両親は認めてくれました。仕送りのお金も、就職してからちゃんと返済した。

僕がここで学生の読者に伝えたいのは、アルバイトを辞めてよかったという実感です。学生のアルバイトの時給は、いまなら八〇〇〜九〇〇円くらい。一〇〇〇円を超えれば高額バイトといえるでしょう。求人はたくさんありますから、見つけることは難しくない。

でも、最初によく考えてみてください。何のために自分はアルバイトをしたいのか？「お金が欲しい」という理由なら、何に使いたいのか？　自分で学費を稼がなければならない学生もいますから、一概にアルバイトを否定はしません。しかし、「遊びに使う」「洋服が欲しい」といった理由でアルバイトをすることは、むしろ損なことをしていると思うのです。

〝学ぶ〟という姿勢は、学生にも社会人にも必要なものですが、学生時代にしかできない学び方というものがあり、これが社会に出てから大きな力になっていきます。たとえば、インプットした知識や経験を、自分の思考の中で組み合わせたり加工することによって、新たな作品や成果としてアウトプットしていくプロセス。社会人の多くは、それを「仕事」として取り組み、「報酬」を得ます。つまり、「報酬（＝金額）」に見合った結果を出せなければ評価が下がり、失敗を繰り返せば仕事そのものを失う可能性も出てくるということです。

一方、学生はどうか？ 同じプロセスでも学生は「報酬（＝お金）」を稼ぐために取り組むわけじゃない。学費を払っているわけですから、自分が試してみたいやり方を最優先して作業に取り組むことも許される。ルール違反さえ犯していなければ、たとえ失敗しても、それで学校をクビになることはないし、むしろ上手く行かなかった経験はレベルアップしていく糧《かて》になります。そのプロセスを何度も繰り返すことが〝学び〟の姿勢を習慣化することになっていくのです。

学生時代に身につけた学びのクセが、社会に出てからどんなふうに役立つか。僕自身の経験を述べれば、設計事務所に入った直後は、資料調べが主な仕事でした。が、上司から命じられた以上のことをいつも調べていた。それは好奇心が自分の内側から湧いてくるからでした。

たとえば病院の設計であれば、膨大な資料を読んでいるうちに施設の運営や制度や法律のことにまで興味の対象は広がった。注射器の使い回しをやめるように国が医療機関に指導したのは一九八八年でしたが、その後、大量の使用済み注射器の捨て場所が問題になっていると知り、産業廃棄物に関することまで調べまくったりしていました。そういう作業がまったく苦にならず、むしろ楽しくやれたのは学びのクセのおかげです。

さらに、自分で一度調べたことは、事務所の資料棚にすべて蓄積されていることになる。新しいプロジェクトを始めるときには、関連するデータや事例がどこにあるのか、すぐに上司に進言できるようになった。

自慢話をするわけじゃないけれど、設計事務所の社長が引退することになったとき、「山崎君、社長をやってみるか?」と言ってもらったことがありました。大勢の先輩社員を差し置いてそれはないと思い、さすがに辞退しましたが、冗談でもそう言ってもらえたことは自信になったし、独立してもやっていけそうだという手応えも得ることができたものです。

アルバイトは社会勉強になるという人もいます。が、報酬が発生するのですから、失敗は許されないのが前提になります。雇う側も失敗されては困るから、細かいマニュアルをつくってアルバイトの働き方を規制するわけです。その現場からは、自分の意志で学びの姿勢を構築していくことは難しいものになります。

それに、社会勉強であれば、学びの中からいくらでも経験できます。コミュニティデザインを勉強している学生であれば、いろいろな地域に入って行うフィールドワークの機会がたくさんあります。他の分野でも実社会の現場で行われる研修はありますし、学生自身がフィールドワークを企画したっていい。お金のためではなく、自分の未来のための社会勉強のほうが、間違いなく学びの姿勢を養ってくれると僕は感じています。

仲間とともに学ぶ

学び方という点で、もう一つ大事になってくるのが、同じ価値観や志を持つ仲間です。僕も、自分一人の力でコミュニティデザイナーになれたとは思っていない。studio-L を立ち上げることができたのも、西上ありさ、神庭慎次、醍醐孝典という生活スタジオからの中心メンバーが、「一緒にやろう！」と言って合流してくれたからでした。

アフリカに伝わる、こんな諺《ことわざ》があります。

「早く行きたければ一人で行きなさい。遠くまで行きたければみんなで行きなさい」

未来へ向かう道程は、大勢で歩んだほうが心強い。途中で違う道を歩み始める人がいたってかまわない。途中から参加する人がいれば大歓迎。そう思って僕は前に進んでいます。

仲間をつくるのは、社会人よりも学生のほうが上手いかもしれませんね。ただし、ＳＮＳのようなヴァーチャルな関係だけでなく、リアルな場で話し合える仲間を持つことが、学ぶ姿勢をつくる上では大切になってきます。

本で学べることはたくさんあるけれど、一方で本からは学べないこともあります。僕は自分が本を読むようになってから、大学の同級生を手当たり次第に巻き込んで、自主勉強会をやっていました。

どんな分野にも古典といわれるような本はたくさんあります。しかし、時代によって評価は変わるし、人によってもとらえ方は違ってくる。そこに気づくには、利害関係のない仲間とのディスカッションが一番いい。

たとえば、第一章に書いたカーライルの話は覚えていますか？ 僕は内村鑑三の『後世への最大遺物』という本を読んでとても感銘を受けたのですが、その本の中に「私は元来トマス・カーライルの本を非常に敬読する者であります」と出ていた。自分が尊敬する人が尊敬しているというのだから、どれだけスゴイ人なんだろうと思い、カーライルの代表作でもある『英雄崇拝論』を読んでみた。すると、「大衆の力を信じずに英雄の登場を待望する」という考え方が書かれていて、「住民が力を合わせて豊かな地域をつくる」という僕の考えとはかなり違うなと感じたのです。

しかし、勉強会で仲間と話し合ってみると、カーライルの指摘は社会が抱える問題を鋭く突いているという意見も多かった。一〇〇年前に書かれた古典でも、人によって感じ方や評価は異なるということが、こういう体験から学ぶことができるのです。

社内での検討会議

デザインの検討　　© Nara Yuko

さらに言うと、まちを元気にすることが仕事になったいま、あらためてカーライルを読んでみると、二〇代の学生の頃とは違う印象をたくさん受けたのです。大衆の能力は人それぞれなのだから、選挙のように多数決で物事を決めるのではなく、それぞれの役割の中で人が力を発揮できることを考えたほうがいい。それぞれの立場で英雄の登場を願い、その英雄の足を引っ張らないようにすることが大切だ、という提言にも読み取れる。

日本のふるさとには、いろいろな「土の人」が、それぞれの分野で力を発揮して、まち全体を盛り上げている地域もたくさんあります。それを思えば、カーライルが理想とした社会と、僕が考えるコミュニティデザインの手法とは、決して相容《あいい》れない考え方ではないと思えてくる。

社会が抱える課題には、一〇〇パーセントと言い切れる正解がない場合がほとんどです。自分とは違った意見、自分にはない視点は、自分以外の人との関係の中で何度も検証を重ねながら学ぶのが何より効果的といえます。

また、コミュニティデザイナーという仕事に関して言えば、仲間と議論することはプレゼンテーションの能力だけでなく、相手の意見を聞く力を養ってくれます。studio-L では頻繁に仲間たちが議論している。デザインを検討する際もみんなで考える。僕らの仕事は、まちに暮らす人たちの声を聞くことからスタートします。相手の意見を聞き取りながら、それを頭の中で自分の知見と照らし合わせ、課題を見つけたり、方向性を探ったりする。そういったスキルを楽しみながら身につけていく上で、仲間と一緒に学ぶ自主勉強会は非常に有意義な場になるものです。

つながりを貯める

仲間の話をしたので、この章の終わりに人と人との「つながり」について述べてみたいと思います。

僕は一九七三年生まれ。四〇代です。読者のみなさんの父親と、それほど違わないかもしれませんね。僕らの世代は、子どもの頃から「人様に頼らずに生きていけるようになりなさい」と言われて育てられたものでした。他人に迷惑をかけることなく、自分の責任で生きられる大人になれという意味です。核家族化が進み、「個人」の主義や主張、権利が重視されるようになったことで、学校の先生も生徒一人一人の個性を尊重して教育するようになった。

しかし、かつての日本では、そんなふうに子どもたちを育ててこなかったように思います。「情けは人の為《ため》ならず」という諺があります。情けをかければ、まわりまわっていつか自分に返ってくる。だから困っている人がいたら助けてあげなさいという教えです。地域の中での助け合いは、長い目で見た「投資」だったともいえます。投資という言葉はあまり好きではないのですが、親にしてみれば近所の家族にかけた情けは、自分が死んだ後も息子や娘たちに返ってくる行為だったに違いありません。だからかつては地域での互助《ごじょ》関係が機能していたと言えます。

ところが、都市化と核家族化によって、代々住み続ける住民が少なくなった。引っ越しが頻繁になる。人は同じまちにとどまらない。こうなると、隣人にかけた情けもまわりまわって行き場を失うことになる。

僕は父親が転勤族だったから、引っ越しは慣れっこだった。転校しても、前の学校の友だちに手紙を書いたりすることはあったけれど、そのつながりは自然消滅することがほとんどでした。せっかく仲良くなっても、転校すれば関係はリセットされる。つながりは貯めておけないものだと、一〇代の頃は感じていたものです。

でも、いまは正反対のことを考えています。人とのつながりを貯めることが、豊かな未来には欠かせない条件になるのではないか？　お金がなければ株には投資できないけれど、人とのつながりに投資することは、お金の問題ではないし、若い人にだっていくらでもできる。

フェイスブックの登場は、つながりを貯める時代の象徴だという気がします。たとえ引っ越ししたとしても、一度つながった関係を目に見える記録として貯め続けることができます。お互いの近況も公開できるし、必要ならば個別にメッセージを送ることもできる。

金融商品への投資みたいに値上がりする楽しみがないと思う人もいるかもしれませんが、僕はお金よりもはるかに楽しみが大きな投資だと思っています。たとえば、学生時代の同級生が卒業してから数年後に〝何か〟を成し遂げるかもしれない。

「レストランをオープンしました！」

「お笑いデビューしました！」

「書いた小説が新人賞を取りました！」

「資格を取って独立しました！」

こんなサプライズがいつ飛び込んでくるかわからない。グッドニュースは仲間に知らせたいものですが、二〇世紀の時代なら同級生の卒業後の活躍の大半は人伝《ひとづて》でしか知ることができなかった。

つながりを貯めた中から、誰かが〝何か〟を始める確率は、株が大化けするよりも断然高いと僕は思います。そして、仲間が始めた〝何か〟に、自分が加わるチャンスもあるかもしれない。もちろん、自分が始めた〝何か〟にも、仲間たちの協力を集めやすい。貯めたつながりは「幸運な偶然」を育む土壌になるはずです。しっかり耕しておけば、いつか収穫の時期が訪れるに違いありません。

SNSのようなつながりでは、「親友」と呼べるほどの深い関係は築けないでしょう。しかし、じつは人と人とのつながりは深いほどいいというわけではないのです。

ウィーク・タイズという言葉があります。ウィークポイントの〝weak〟は「弱い」、ネクタイの〝ties〟は「結ぶ」。ウィーク・タイズは「弱いつながり」という意味。スタンフォード大学のマーク・グラノヴェッター教授が着目した概念で、弱いつながりがコミュニティの機能を左右するといわれているのです。

つながりのない状態は淋《さび》しいものです。でも、強すぎるつながりは、ときに人を窮屈にします。みなさんにも覚えがあるのではないでしょうか？　親や兄弟姉妹には相談できないけれど、友だちになら打ち明けられること。親友には知られたくないけれど、浅い友だちになら言えること。弱いつながりだからこそ成立するコミュニケーションもあるのです。

かつての農村部では、家庭内の悩みを相談できる知恵袋の役目を、近所のおじいちゃんやおばあちゃんが担ってくれました。お寺や教会も、住民が胸につかえている悩みを吐き出せる場所でした。地域には、そういう弱いつながりが必要なのです。

いま、一五〜三九歳の死亡原因の第一位が「自殺」です。僕も二〇年ほど前に、弟を自殺で失いました。一年くらいは、まちの中で彼の幻影を何度も見るほど悲しい出来事でした。就職してから三カ月後に弟は自ら命を絶ちました。学生時代に学んだことが役に立たないと感じて悩んでいたと、後から知りました。身近で強いつながりだったから、彼は僕に悩みを相談できなかったのだと思うし、僕も気づいてあげることができなかった。

若い人が幸せに生きられないまちをなくしたい、悲しい出来事が起こる前に、人と人とが支え合えるつながりをつくりたい——。それがコミュニティデザイナーを志した僕の原点にもなっています。

人には「強い絆《きずな》」も「弱いつながり」も大切です。未来に向かう道程で、ちょっとつまずいたときに、笑って胸の内を言葉にし合えるような、そういうつながりも大事にして欲しいと思います。

第四章

これからの働き方

神様も働く

学校というところは人が生きていくために必要なことをいろいろ教えてくれる場所です。しかし、肝心なことを教えてくれてはいません。それが〝働き方〟です。

考えてみてください。「働く」とは、どういうことか？　「お金を稼ぐ手段」としか考えられないようでは、淋しい人生になってしまうと僕は思います。働くことが「辛《つら》いこと」だと感じる人は、もっと淋しい人生を送ることになってしまうでしょう。〝働き方〟は一人一人が自分で見つけなければならない大切で難しい課題なのです。

労働は苦痛であり、できれば働かずに生きていきたいというのは、キリスト教的な発想です。カトリックでは、労働は苦役《くえき》とされています。創造主である神が、禁断の果実を食べたアダムとイブに与えたもっとも大きな罰が、働かなければ生きていけない世界に住まわせたことでした。

働くことが罰であるなら、働かなくてもいい人生は肯定されます。仕事を辞めて悠々自適な生活を送れるようになることを欧米ではハッピー・リタイヤと呼びますが、なぜハッピーなのかといえば、罰を逃れたからなのです。その思想の下では、「働かずに済む方法＝人間の幸福」になります。

では、どうすれば幸せをつかめるか？　いろいろな答えが出てきました。お金持ちになって人を雇うというのも一つの答え。仕事はお金を払って人にやらせる。お金を払っても人がやらないことは奴隷にやらせる。奴隷に働かせることができなくなってくると、今度は機械にやらせようとします。一八世紀半ばにはイギリスで産業革命が起こり、手仕事が減っていきます。機械化が進み、工業が発展を遂げる。けれども、仕事の幅は広がり、人間はますます忙しくなっていく……。

産業革命は貧富の差を拡大しました。一生懸命働いても、お金持ちになれない人がいる。それって不公平なのではないか？　みんなが幸せになれる社会をつくるにはどうしたらいいのか？

一九世紀になると、マルクス主義が登場します。カール・マルクスが『経済学・哲学草稿』で述べている「疎外された労働」の中の一文を要約すると、こうなります。

「労働は自己の外にあるもので、労働者にとってはいくつかの欲求を満足させるための手段でしかない。そのため、労働そのものからは満足は得られず、労働によって自己は否定され、不幸と感じ、肉体も精神も疲れていく。だから労働者は、労働していないときにしか家庭にいるような安らぎを得ることはできない」

この考え方は、労働を「罰」と考えるカトリックの社会にも受け入れやすいものでした。ここまでくると、一生懸命働くことは人間にとって「悪」になってきます。

二〇世紀半ば、シチュアシオニスト（状況構築主義者）と呼ばれる人たちは、理想とする社会を「ニューバビロン」という図に描きました。労働が完全に機械化され、働かなくても生きていけるようになった人間は、空中に浮いた新しい大地で、自らが住むための家をつくり続けて愉快に暮らすことになる……。そんな人生が幸せだとは、僕には感じられませんが。

プロテスタントは、少し違う考え方です。人間にとって労働は神様が下した宿命なのだから、従わなくてはならない。たとえ聖書に書いてあることが理解できない人でも、まじめに自分の仕事に励んでいれば、それが神の御業を実現することになるという教えです。労働の中に人生の価値を見つけ出そうとしているところは、浄土真宗などの日本の仏教思想に近いと言えます。

大昔から日本人にとって労働は「善」であり、働くという行為は「尊いもの」でした。偉くなっても働きます。いまでも天皇は田植えをするし、畑仕事もします。『日本書紀』の中には、「日神尊以天垣田爲御田《ひのかみのみことあまのかきたをもつてみたとしたまふ》」とあります。天照大神《あまてらすおおみかみ》が自分の田んぼで稲を育てていたという記述で、日本では神様も働くのです。

神様を見習って一生懸命働くことには、自らを高める修行的な意味合いもありました。また、農作業のようにみんなで協力する働き方には、コミュニティの平和を維持・発展させる役割もあった。そういう働き方が楽しみや生きがいにもなり、仕事と私生活とは一体なものとして日本では考えられていたのです。

「稼ぎ」と「務め」

日本人は働き者でした。しかし、高度経済成長時代を迎え、日本の国際競争力が高まってくると、その働き方は諸外国からの批判の目にさらされます。働きすぎを揶揄《やゆ》する「エコノミックアニマル」という言葉で日本人は呼ばれ、呼ばれた日本人も「余暇《よか》」という活動を考えるようになった。「モーレツからビューティフルへ」というCMのキャッチコピーが流行《はや》ったのは、一九七〇年代のことでした。

「働くこと＝お金を稼ぐこと＝モノを手に入れること」という価値観で見れば、モーレツに働く日本人の姿は「豊かさを勘違いしている」と外国人から思われても仕方がなかったかもしれません。その頃、日本の各地に続々とつくられたニュータウンの住居は、ヨーロッパの人たちから「rabbit hutch（ウサギ小屋）」と表現されました。お金持ちになっても狭い家に住んでいる生活は、豊かな国民性とは映らなかった。

日本人はお金やモノを手に入れることのためだけに働いていたわけじゃないはずです。でも、お金やモノを渇望する人が都市部を中心に増えてきたことは事実でした。前述したように、お金があれば課題を解決できる仕組みを日本の社会はつくってきたからです。

農村部では、「稼ぎ」と「務め」はセットになっているといわれます。生活していくための原資を得る「稼ぎ」と、コミュニティの一員として果たさなければならない「務め」は、どちらも生きていく上で大切なものでした。そのバランスが都市生活者の急増とともに崩れ、「稼ぎ」が働くことの主目的になってしまった。

「務め」に費やされていた時間と労力は、「稼ぎ」のために使われるようになる。その生き方が「働きすぎ」と批判されたことで、今度は「余暇」という新しい価値がつくり出された。働く時間を減らして余暇活動をしなさい、それが世界からも認めてもらえる豊かさなのです――というライフスタイルを受け入れて、日本人は二〇世紀の後半を生きてきたように僕は感じます。

土曜日に働くことをやめる大手企業が現れ、その後を追うように国家公務員の完全週休二日制が導入されたのは一九九二年でした。中小企業や学校でも土日は休みになります。有給休暇や夏の長期休暇はサラリーマンの義務のようになった。わずか五〇年足らずの間に、日本人にとって働くことが「善」ではなくなってしまったような印象さえ抱きます。

それで、僕たちは本当に豊かになったのでしょうか？　「余暇」という字は、「ヒマをもてあます」とも読めてきます。そういう概念は、そもそも日本人の働き方にはあったのか？　働くことが「善」であり「尊いもの」だった頃は、ヒマをもてあますヒマなんかなかったのではないだろうか？

余暇活動を英語でレクリエーションといいます。〝re-creation〟には「創造性の再生」という意味がある。普段から創造性にあふれた働き方をしているのであれば、わざわざ仕事を休んで、仕事とは無関係の活動をすることが、はたして創造性の回復になるのか……。

みなさんは、どう感じますか？

仕事の道楽化

ワークライフバランスという言葉があります。これは、二四時間に仕事や休みをどう配分するかという一日の使い方のこと。

WHO（世界保健機関）が提唱している理想のワークライフバランスを見ると、「労働」「遊び」「休息」がそれぞれ八時間ずつになっています。これが本当に人間の〝理想〟だとしたら、僕の生き方は人間失格になってしまう。

「人間の本質は自ら創りあげるものである」と語ったのは、哲学者のサルトルです。この主張は、じつは先に紹介したマルクスの思想と共通しています。労働から安らぎは得られないという文脈は、働くことが人間の本質から切り離された社会への苦言でもあります。マルクスも、サルトルも、充実感や楽しさを実感できる仕事に就くことが豊かな人生につながるという点で、考え方は一致しているのです。

自分が好きなことを仕事にし、選んだ道を楽しく生きるのは、〝仕事の道楽化〟ということもできます。この表現を盛んに使っていたのは東京の日比谷公園をつくった本多静六という造園学者で、日本の「公園の父」とも呼ばれる人物。僕も仕事を道楽にすることを目指して生きてきたし、かなりの部分で道楽化ができていると思っています。だから、わざわざ八時間も「遊び」の時間をつくる必要性はまったく感じない。働いている時間が楽しければ、一六時間は「労働」に使えることになる。

一日一六時間労働というと、いまならブラック企業と言われてしまうかもしれませんが、クリエイティブな仕事は時間で評価されるものではありません。前述した大学時代の同級生のように、仕事と趣味の時間をきっちり分けた生き方を望むなら話は別ですが、少なくともコミュニティデザイナーを目指すような人は、働き方を時間で決めてはならない。

仕事は「稼ぎ」と「務め」がセットになっていると述べましたが、創造性が求められる仕事を続けていくためには、もう一つ欠かせない要素があります。それが「学び」です。この三つに「休み」を加えて、それぞれに6時間を割り当てた独自の〝理想〟のワークライフバランスをstudio-Lでは提案しています。

僕の日常を例に具体的に記すと、資料を作成したり、打合せをしたりするのが「稼ぎ」になります。地域に行ってヒアリングやワークショップをやるのは「務め」。大学の授業や講演も意識としては「務め」に入るでしょう。本を読んだり、調べものをするのは「学び」。全国各地を飛び回る移動時間は、本を読んでいれば「学び」だし、眠れば「休み」になる。原稿を書くのは「稼ぎ」と「務め」と「学び」のすべてにまたがるけれど、一言で表せば「楽しみ」です。

と、一応分けて説明しましたが、「稼ぎ」「務め」「学び」はすべてリンクしているものです。「休み」に入る食事も、食べながら取材を受ければ「稼ぎ」になるし、地域の人たちと

働き方＝生き方そのもの

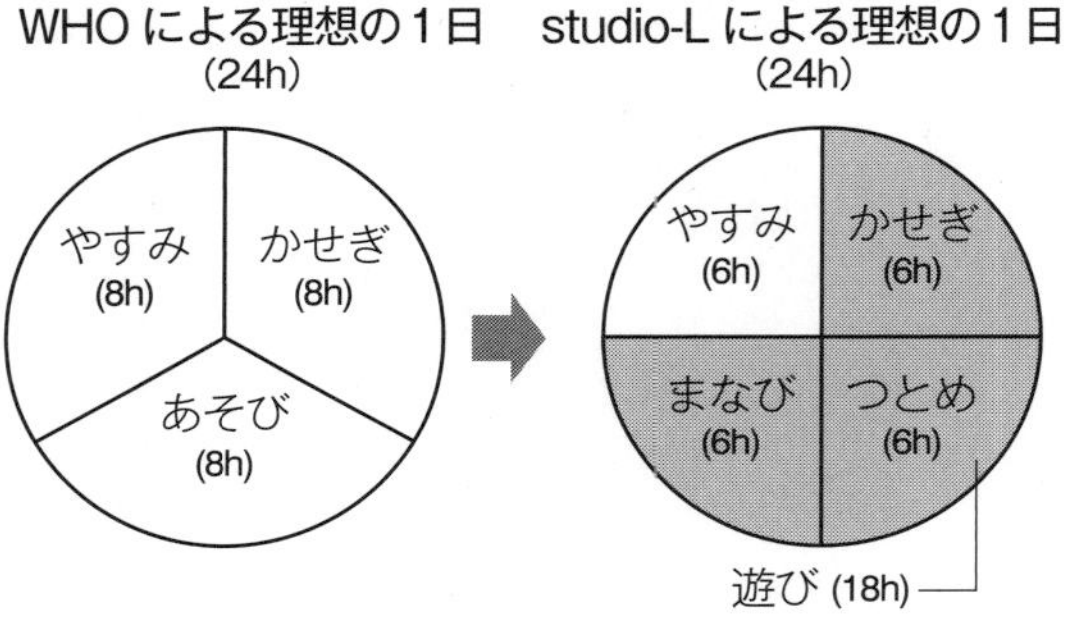

studio-L の“理想”の働き方

の会食は「務め」や「学び」にもなる。僕らが考える〝理想〟では一日一八時間が「仕事」になりますが、仕事が道楽化できれば一日一八時間が自分にとっての「遊び」の時間にもなるわけです。

そういう働き方が、かつての日本では当たり前だったという気がしています。仕事を辞めることは西洋ではハッピー・リタイヤですが、日本の第一次産業や第二次産業には生涯現役を貫く人がいまでもたくさんいます。サラリーマン社会でも仕事に生きがいを感じ、定年でリタイヤした途端に元気がなくなる人が大勢いました。そういう人たちを「勤勉」ではなく、「仕事中毒」だの「燃え尽き症候群」などと呼んだりするから、働くことへのイメージが悪くなってしまう。
働いているときが一番楽しいと思えるなら、これほど幸せな生き方はないはずです。そう思いませんか？

傍を楽にする

「働く」という言葉は、「傍《はた》を楽《らく》にする」という行いからきているという説があります。シャレかもしれませんが、「働く」ことの本質を表現しているとてもいい言葉だと思っています。そして、傍を楽にすることを通じて自分自身の価値を高めていくことこそ、働くことの意義だと僕は考えています。

どんな仕事でも、原点は傍を楽にすることにあったに違いありません。病気に苦しむ人を助けたいという願いが新しい薬の開発につながる。あかぎれの手で洗い物をしているお母さんたちを楽にしてあげたいという思いが洗濯機や食洗機を発明する。落ち込んでいる人を勇気づけたいという情熱が素晴らしい音楽を生む。誰も困っていないのに、自分が楽しむためだけにやることは趣味にしかならない。それで儲けようとするのは押し売りや詐欺です。

傍を楽にしようという気持ちは、自分のまわりに困っている人がいるから芽生えてくるものです。そこに気づけるのは、課題を見つける力があるからです。これは長続きする仕事や大きな仕事ができる人に欠かせない資質になる。

企業の人事担当者には「七五三問題」という悩みがあると聞いたことがあります。若者の早期離職を指す言葉で、中卒者の七割、高卒者の五割、大卒者の三割が、就職して三年以内に辞めてしまうのだそうです。この傾向が顕著になったのは一九九〇年代で、もう二〇年以上も続いているといいます。

バブルが崩壊してデフレ時代を迎え、会社の労働環境が厳しくなったことも一因とされているようです。しかし、それだけではなく、若い人たちが考えている働く理由にも原因があるかもしれません。

傍を楽にするという意識で仕事を選んでいるか？　入社してから、自分が頑張ることで困っている人が助かる喜びを感じたことはなかったのか？

就職する前、あるいは就職してから、「つまずいた」と感じたときは、自分が働く理由を自問してみたらいいと思います。そして、傍を楽にすることが自分自身の価値を高めていくということを思い出してみてほしいのです。

いまの学生は、ものすごく高いハードルを超えて会社に就職しなければならなくなっています。売り手市場と言われたかつては、「どうかウチに来てください」と言って、企業のほうが学生たちに頭を下げていた。会社の説明会に行けば豪華な食事が用意されていたり、お土産をどっさりもらえることもあった。内定者をディズニーランドに連れて行く会社まであったと聞きます。ところが、いまは学生のほうが「採用してください」とお願いする時代。内定をもらうために、就職活動で一〇〇社近くまわる学生も珍しくない。

それだけ苦労して、ようやくつかんだ仕事なのに、大学生の三割は三年以内に会社を辞めてしまう……。いまの日本人の働き方には、何か大きな〝矛盾〟が生じているという気がしてならないのです。

短くなった会社の寿命

会社に就職するという働き方が、曲がり角にきているのではないかと僕は感じています。その根拠に思えるのが、日本の会社の寿命です。

東京商工リサーチなどが定期的に実施している「企業の生存率」のデータがあります。それらを見ると、日本の会社の平均寿命は二二～二三年。設立して一、二年で潰れる会社も含めたデータですから、その分は差し引いて見なければなりませんが、それでも事実として言えるのは、人が働ける年数よりも会社の活動年数のほうが短いということです。

かつて、会社の寿命が長かった時代には、年功序列・終身雇用が当たり前で、優良企業に入れば一生安泰《あんたい》と言われたものです。しかし、いまの学生が二二歳で就職したとして、二十数年後に会社があるという保証はない。会社を存続させるために、社員がリストラされるケースもある時代です。

二二歳で就職し、仮に二三年後に会社が倒産したとすれば、四五歳です。その年齢で再就職先を探すことは、いまの学生の就職活動よりもさらに高いハードルになるのは想像に難くない。このことは日本の社会において遠くない将来、かなり深刻な問題として表面化してくるのではないかという気がしています。

二〇一五年の年頭で、慶應義塾大学教授の竹中平蔵さんが、「正社員をなくしたらどうか?」と発言して、話題になりました。竹中さんは小泉政権下で経済財政政策担当大臣に任命された、いわば改革のプロみたいな人ですが、いまは大手人材派遣会社の会長ですから、この発言は「非正規雇用の派遣社員を増やせ」という意味に曲解されて反響を呼びました。

もちろん、そういう意図ではないと聞いていてわかりましたから、僕は一瞬、「それはありだな」と感じたものです。

正社員をなくすというのは、正規・非正規という雇用の枠組みを取り払ってしまえば、会社で働く人たちの労働条件や賃金の格差もなくなるという問題提起です。それができれば、「正社員として採用されなかった」ということが、不利な条件ではなくなる。この考え方をもっと前に進めれば、会社に就職することに固執する意識も薄れ、自ら主体的に働き方を考える人たちが増えてくるのではないかと僕は思ったのです。

サラリーマンの歴史は短い

未来社会の研究者として知られる、アメリカのデューク大学のキャシー・デビッドソン教授が、興味深い指摘をしています。小学生の六五パーセントは大学を卒業したらいまは存在していない職業に就くだろう、というものです。

これはアメリカ社会における予測ですが、日本の社会でも大きくは変わらないと思います。自分の小学生時代を振り返ってみれば、現在の派遣労働の仕組みもなかったし（「労働者派遣法」の施行は一九八六年）、制度化された介護サービス事業もなかった（「介護保険法」の施行は二〇〇〇年）。スマートフォンもなかったし、電子マネーもない。コミュニティデザイナーという職業ももちろんなかった。

職業というのは、時代の変化や価値の多様化に大きく左右されるものです。それを思えば、会社に就職するという働き方も、少し考え直してみてもいい。

政府統計では、日本で働いている人の数は約六四四二万人（二〇一二年一〇月）。そのうち「雇用者」は約五七〇〇万人に及びます。じつに八八パーセント以上の人が、どこかの会社に雇われて働いていることになります。

この働き方が一般化したのは、たかだか一〇〇年前のことです。それ以前の日本の就労者は、基本的に個人事業主でした。

昔の武士は、藩に雇用されたサラリーマン（もしくは公務員）と考えることができます。歴史人口学者の推測では、江戸時代の武家の割合は六〜七パーセント。ただし、これは世帯数で調べたデータですから、配偶者や子どもを除けば、武士の人口は一〜二パーセントに過ぎなかった。就労人口の圧倒的多数は個人事業主だったのです。

農民も個人事業主です。小作人は給料をもらって働いていたわけではなく、農地を借りて、出来高の何割かを地主に納めて、あとは自分のものになるという仕組みだった。商家で働くのは期限付きの年季奉公で、奉公人は数年から十数年で親元や国元に帰ります。ごく一部の有能な奉公人だけが店の番頭として長く勤めたものの、これも暖簾《のれん》分けなどによって、いずれは店を出て独立しました。口入《くちい》れ屋という、いまでいうハローワークみたいなところで仕事を斡旋してもらう労働者もいましたが、こういう人たちは自分にできることを活かして働くフリーランスに近かった。かつての日本では、働き方を自分の裁量で決めていた人のほうが一般的だったのです。

開国と明治維新によって、日本にも近代化の波が押し寄せます。産業の急速な発展と多様化に呼応して会社がどんどんつくられるようになり、時代が昭和になる頃から終身雇用や年功序列を前提としたサラリーマンという働き方が増えていきました。その仕組みのおかげで国力が高まったことはたしかです。しかし、人口も経済成長も、右肩上がりの時代ではなくなった。すでに時代に合わなくなってきたサラリーマンという働き方を、そのままスライドさせていまの若い人たちに当てはめるのは、相当リスクが高いのではないだろうか。

雇われて働くスタイルを辞めろというつもりはないけれど、およそ九割もの働き手が他人のつくった組織を拠《よ》り所にするのは非常に偏った構造だし、これからの日本にとってプラスになるとは思えてこない。日本の会社の所在地は都市部に集中しています。働く人の九割が会社に就職するということは、極論すれば生産年齢人口の大半が都市部で活動するということになる。

いまの日本にとって、課題先進地は都市部ではなく中山間離島地域です。日本の未来を描くカギをにぎっているのは、各地のふるさとです。そのふるさとが元気になっていくためにも、僕たちは自分自身の働き方から見直していく必要があるのです。

お金では味わえない評価

働きが金額で評価される仕組みも、サラリーマンという雇用形態とともに定着したのかもしれません。かつてのサラリーマンである武士の査定は禄高《ろくだか》で決められていました。支給されたのは米。ですが、江戸には米の支給手形をお金に換える札差《ふださし》という商人がいて、旗本や御家人《ごけにん》に米が現物支給されたわけではなかった。

生活に困った武士は、翌年の禄を担保に札差から借金をしました。その貸付時に高額な利息を天引きすることで、札差は莫大《ばくだい》な利益を得た。金持ちになった札差は、武士よりもぜいたくな暮らしができた。身分が低くてもお金があれば幸せになれるという人生観が、こういうところから生まれてきたのかもしれません。

「四民《しみん》（士農工商）」という身分制度は、明治になって「市民」に改められます。身分による格差がなくなり、誰もが平等に生きられる社会制度ができた。ところが、お金を持っているほうがぜいたくに暮らせるという状況は変わらない。「稼ぐ」ということが生活に必要な原資を得るだけでなく、必要以上に蓄えるという意味になっていく理由がそこにあるように思えます。

ところで、読者のみなさんは「経済」という言葉の意味を説明できますか？　「お金」に関係していることと考えた人もいるかと思いますが、語源になった經世濟民《けいせいさいみん》とは、「世を経《おさ》め、民を済《すく》う」という意味です。決して「お金」の動きを表しているわけではありません。

しかし、いま「経済」といえば、お金を想像しない人のほうが少数派でしょう。「経済力のある人」は、お金を稼ぐ力のある人のことを指しますし、政府でさえ途上国にお金を貸すことを「経済援助」といいます。

お金を稼ぐ力によって経済大国と呼ばれるまでに栄えた戦後の日本の政策は、いま批判すべきものではありません。でも、デフレネイティブと言ってもいい僕らから下の世代は、お金を稼ぐことで、どこかで何かが奪われているということに気づいているはずです。マネーゲームには勝者と敗者がいるし、モノにあふれた社会の一方には破壊され続けてきた環境がある。だからこそ、これからは金額だけで評価されない働き方というものにも目を向けていかなければならないと思うのです。

では、お金以外の評価とは何か？　海士町にいた僕の教え子が、一五万円の給料から一〇万円の貯金ができていると書きました。中山間離島地域では、食費をほとんど使わずに生活できることも珍しくない。コミュニティの一員として認められれば、採れたての野菜や果物、釣ってきたばかりの魚などが、黙っていても近所から届けられたりする。自慢のお総菜をつくっては、おすそ分けしてくれるおばあちゃんもいる。

高齢者が多い状況は、悪いことばかりではありません。ふるさとではモノを大切にする意識が高く、エコやリサイクルが無理なく実践されているものです。「死んだ亭主のお古だけど」と言って、着物や浴衣《ゆかた》や洋服、靴なんかをもらえることもある。住居費だって、「人が住んでくれたほうが家が傷《いた》まないからありがたい」と言って、タダ同然の家賃で立派な一軒家を提供してもらえることは茶飯事。机や椅子やテーブル、タンスにベッド、鍋に食器、そういったものは買い揃《そろ》えなくても誰かが譲ってくれたりする。それらは地域での「務め」に対するありがたい報酬でもあるのです。

日本中のふるさとでプロジェクトのお手伝いをしている studio-L の事務所にも、全国各地で採れた旬の恵みや特産物がどっさり届きます。新米、蕎麦《そば》、りんご、みかん、じゃがいも、さつまいも、たまねぎ、とうもろこし、漬け物、干物、お菓子。冷蔵便で新鮮な魚介類が送

スタジオに届いた贈り物
10周年のときに戴いた100着近い「studio-L」Tシャツ

られてくることもある。僕はお酒が飲めないけれど、日本酒やワインは置き場に困るくらい送られてきます。たぶん、studio-Lのスタッフはここ数年お金を出してお酒を買ったことなどないんじゃないだろうか。

こういう贈り物は、「まちが元気になりました！」という、ふるさとの人たちからの感謝の気持ちです。その気持ちが、僕たちがまちから去った後も、何年も続けて届けられる。これはコミュニティデザイナーにとって最高の報酬だと感じるし、お金をもらうことでは味わえない喜びです。

さらに、各地で取り組んだプロジェクトは、いろいろな副産物まで僕らにプレゼントしてくれます。ふるさとには「まちづくりの生きた教材」と呼びたくなるような土の人たちが山ほどいます。その人たちとのつながりを貯めておけることは貴重な財産だし、実際に新しい企画が持ち上がったことも数え切れない。そして、地域が元気になった事例は大事な知識になり、住民たちと一緒に学んだ体験は自分のスキルを磨き上げてくれることになる。

こういった副産物も、金額では評価できないけれど、仕事を道楽に近づけてくれる多大な報酬なのです。

「楽しさ」という尺度

働きを金額（給与）だけで評価しないのであれば、他にどんな尺度があるのか？　ここまで読んでくれた人はすでに気づいていると思いますが、それは「楽しさ」に尽きると僕は考えています。

「楽しさ」はお金みたいに数値化することができない。だから尺度にはなりにくいけれど、これほど大きなモチベーションをかき立ててくれるものはありません。高名な芸術家は、報酬（制作費）を事前に提示されてから作品に取りかかることもありますが、アーティストとはそもそも自分のスタイルで表現することが楽しいから活動している人たちです。ゴッホみたいに死んでから作品に高値がついた画家はいっぱいいるし、建築家や職人の世界でも金額を度外視して創作に打ち込む人はいまでもたくさんいます。

幸せな働き方だとは思いませんか？

僕が大きな影響を受けたジョン・ラスキンという人物がいます。一九世紀のイギリスに生きた人で、前半生は美術批評家、後半生は社会改良家として活躍しました。ラスキンこそ、労働を楽しく感じられる社会をつくろうと考えた先駆者で、楽しく働くための知恵の数々を僕はラスキンから学んだと実感しています。

ラスキンは一二世紀半ばから一五世紀末にかけてつくられたゴシック建築を高く評価していました。その理由がとてもおもしろい。イギリスのウェストミンスター寺院やフランスのストラスブール大聖堂などのゴシック教会の細部には、無数の彫刻が施されています。一つ一つを観察すると、指をくわえたガーゴイル（怪物）がいたり、ゴブリン（小鬼）がへんな顔をしていたり、せむし男の背中が真っすぐ伸びていたり、鷲《わし》が舌を出していたりと、奇妙な意匠がたくさんある。

これをラスキンは「下手」とは受け取らなかった。教会の建築には何百人という数の職人が携わっていますが、彼らが楽しみながら自由な発想で彫刻をつくったことの証だと指摘したのです。そして、職人たちが楽しみなが

ジョン・ラスキン（1819—1900）

らつくった教会には、新しくつくられた教会にはない美しさと力強さと味わいがあると述べているのです。

一八世紀後半から一九世紀にかけて、欧米ではゴシック様式の復興運動が起こりました。そのときにつくられた、いわゆる〝ゴシック・リバイバル建築〟の教会は、精度も確かだし、奇妙な彫刻もない。にもかかわらず魅力がない。その原因は産業革命にあるとラスキンは看破しています。

産業革命後のイギリスでは、工場労働者の分業が進みました。仕事を細分化し、役割を分担することで、効率化が図られた。その状況をラスキンは、「分割されたのは労働ではなく人間である」と断じました。

断片化された働きからは充実感も喜びもなくなってしまう。創造性に富んだ工夫がなくなり、無味乾燥で凡庸《ぼんよう》な作品しか生まれなくなる。ラスキンは、こう提言しました。

「こうした状態に対処する方途はただ一つ、どのようなたぐいの労働が人間にとって好ましく、人間を高め、幸福にするものであるのかということを、あらゆる階級の者が正しく理解することによってしかない」

しかし、残念ながら時代の流れはラスキンの忠告に耳を傾けなかった。産業革命の波は世界中に波及し、日本でも「文明開化」という名の下に効率を重視した工業化と分業化が進むことになります。西洋的なシステムを真似た日本の社会は、ラスキンの言葉を借りれば、日本人の働き方を断片化していったのです。「組織の歯車」という言い方は、断片化された働き方に対して日本のサラリーマン自身が抱いた疑問でもあったに違いありません。

ギルドという働き方

ラスキンには、一つの理想形と考えていた働き方がありました。中世ヨーロッパで結成されていたギルドです。豪商たちの組合である商人ギルドに対する評価は分かれるところですが、ラスキンが認めていたのは職人たちが組織した手工業ギルドでした。

　親方と職人の関係性、責任ある徒弟《とてい》制度や教育制度、徹底した品質管理、自由な発想による協働や技術革新――といった手工業ギルドの長所は、職人が一つの仕事に最初から最後まで関わるからこそ生まれてくるものです。分業というシステムの中に取り込まれてしまった人間は、働くことから喜び

studio-L のロゴマーク

も充足感も得られなくなる。

ラスキンの主張は、僕自身が探していた働き方に大きなヒントを与えてくれました。まちに関わる仕事は、協働はできても分業はできない。プロジェクトに関わるコミュニティデザイナーは、最初から最後まで責任を持って取り組まなければなりません。studio-Lのロゴには〝The Community Designers' Guild〟というコピーがついています。これには、コミュニティデザイナーの一人一人が個人事業主としてまちに関わる集団であるという理念が込められているのです。

「コミュニティデザイナーって何をする人なのですか?」という質問を、これまで数え切れないほど受けてきました。「人と人とがつながる仕組みをつくる仕事」という説明だけでは不十分だということは、僕自身も感じていることです。

詳細は次章で述べるつもりですが、僕たちが関わるプロジェクトの中にも、いくつかの役割が生まれます。大雑把に書けば、営業、企画、現地調査、ワークショップ運営、計画策定、各種デザイン、報告書作成など。個人事業主なのですから、何でもありといえば何でもありです。これらの役割を分業化しようと思えば、営業マン、プランナー、リサーチャー、ワークショップファシリテーター、コピーライター、グラフィックデザイナー、カメラマンなど、外注することもできないことではありません。しかし、それらのすべてに関わるのがコミュニティデザイナーの働き方の基本です。

分業にしたほうが負担は軽くなるという意見もあります。でも、プロジェクトへの情熱も責任感も軽減してしまいます。それに、「その部分は○○さんに任せてありますから」なんて言っていたら、地域の人たちに僕らの熱意は伝わらなくなる。何でもやるし、何でもやれなければならないのがコミュニティデザイナーです。

僕自身、いま現在で約二〇のプロジェクトを担当しています。と言うと、「まさか！」と思われるのですが、いかにしてサボるかもコミュニティデザイナーの大事なスキルなのです。サボるという言い方は聞こえが悪いけれど、プロジェクトの主体となるのは地域の人たちです。まちの人にできることは、どんどんまちの人たちにやってもらう。ワークショップも、何度もやって手順やコツがわかってきたら、「次回はみなさんだけでやってみてください」と任せることもできるようになる。課題の発見、対策の検討、出てきたアイデアを実現するための調査、調査の結果を踏まえたアイデアのブラッシュアップ、そしてアイデアの実現のための準備……。こうしたプロセスに参加してもらうことで、まちの人たちにも「協働している」という充実感を得てもらうことができるようになるわけです。

ゴシック建築を評価したラスキンの著書には、こんな一言があります。

「あなたのやれることをやりましょう」

やれることを持ち寄って、組み合わせて、荒々しいけれど活き活きとした全体を構築しようというのがゴシックの本質であり、その時代の働き方の精神であるとラスキンは述べています。僕が考えるコミュニティデザインという仕事の精神も、まさにこの一言に集約されると感じています。

〝Life〟――これはラスキンが大切にしていた言葉でした。『この最後の者にも』という著書の第77節には、こう記されています。

〝There is no wealth but life.〟

あなたの人生こそが財産である。日々の生活、あなた自身が生きていることが富なのだ――。

生活のあり方を見直すことが、まちのあり方を変えることにつながり、結果として良質な社会を生み出すことをラスキンは意図しています。正しくて、楽しくて、美しい活動を一つずつ実現させることによって、自分自身の〝Life〟を充実させるとともに、多くの人々の〝Life〟にもいい影響を与えられるような存在でありたい。そんな思いを込めて、僕たちは設立した事務所に〝Life〟の頭文字である〝L〟の一字を掲げたのです。

地方創生の二〇年後

地方創生というスローガンの下に、政府関係機関のサテライトオフィスや企業の支社を中山間離島地域につくることを国はいま奨励しています。人口の年齢的偏在と地域的偏在という二つの課題を解決するための方策で、反対する理由はないのだけれど、何か釈然としない気持ちがあります。

政府が掲げている基本目標には、「二〇二〇年までの五年間の累計で地方に三〇万人分の若者向け雇用を創出」「二〇二〇年に東京圏から地方への転出を四万人増、地方から東京圏への転入を六万人減少させ、東京圏から地方の転出入を均衡」とあります。これが実現するかどうかということよりも、僕はその二〇年後のほうが心配になってくる。

これからの日本を支えていく若い人たちの「働き方」というものが、まったく考えられていないのではないか？　雇われて働くというこれまでのスタイルが、そのままふるさとの未来に持ち込まれようとしているとは思いませんか？

たとえば、元気のなくなった集落に東京の会社が支社をつくったとします。そこに三〇人の若者が都市部から移住してきて働くようになったとする。しかし、その支社と集落とのつながりが生まれなければ、社員の働き方そのものは東京の本社と変わらないことになります。ふるさとの生活に欠かせない「務め」の部分が求められない働き方では、単に住民登録している若者の数が増えただけということにもなりかねない。三〇人の若者が「地方創生」の一翼を担うためには、地域の一員として活動するための別な動機付けが必要になってきます。

土地の値段は都市部よりも中山間離島地域のほうが格段に安いわけですから、補助金をもらって田舎に支社をつくろうかと考える企業はあるでしょう。でも、そういう会社のすべてが、血を流してでも地方のために貢献しようと考えるはずはない。利益を生まなければ会社は潰れてしまいます。地方に支社をつくって利益が出なかった場合のリスクも、会社は当然考えておかなければなりません。

その場合、二〇年後が一つの目安になります。土地を借りるときの定期借地権は、だいたい二〇年に設定されます。二〇年経って、もしも支社が赤字まみれになっていたら、経営者は契約を更新することなく撤退を選択するでしょう。

二〇年で撤退する可能性があれば、一〇〇年も使えるオフィスを建てようとは思わないはずです。ペラペラのパネル工法で十分。二〇年後にはボロボロになるとわかっているオフィスがふるさとにつくられることになる。

その会社の判断は間違いではないのです。中山間離島地域のために歯を食いしばって貢献しなければならない義理は会社にはない。

東京オリンピックが開催される二〇二〇年までは、国の成長戦略が推し進められると予想されます。しかし、いま掲げられている目標だけでは、二〇年後に元気になっているふるさとの姿が想像できないのです。

会社そのものの寿命も二十数年の時代です。雇われて働くという都市生活者のライフスタイルに、はたしてふるさとの未来は託せるのか？　若者の雇用の創出よりも、若者が自ら選択できる幸せな働き方の創出のほうが重要ではないかと僕は思うのです。

個人事業主という選択肢

個人事業主という働き方は、いま僕が導き出せる答えの一つです。

〝起業〟という言葉を使うと、「それで成功できる人はごく一部でしょう？」とよく言われるけれど、なにもベンチャービジネスを立ち上げろと言っているわけじゃない。自分がやりたいことを見つけて、それを仕事にして生きていくことも、若い人たちは働き方の選択肢の一つとして持っておいてもいいと考えているのです。

まだ社会人経験のない人には、難しいと感じるかもしれません。しかし、現実をよく見てください。いまや学生にとって、会社に就職することのほうが、むしろ困難な時代ともいえます。

一〇〇社の採用試験にエントリーして、やっと内定が一つもらえる。そんな学生が珍しくなくなった。九九社からの不採用通知は、「あなたは必要ない」と九九回宣告されるようなものです。過酷な就職活動が原因で、精神的に病んでしまった学生の話も耳に入ってきます。

ようやく内定がもらえても、それが当初から望んでいた仕事ではないという学生も少なくありません。つい最近も、就活塾や面接塾にいくつも通ったものの、志望するマスコミ系の会社ではなく、流通系の会社しか受からなかったという学生の話を聞きました。〝エンプロイアビリティ（＝雇用される能力）〟を磨くための塾が大繁盛しているということにも驚かされますが、そこに通っても希望していた会社に入れるとは限らない。ようやく就職できたものの、毎日の仕事にはまったく楽しさが感じられない。両親に相談しても、「せっかく就職できたんだから頑張りなさい」としか言ってくれない……。

三年以内に三割が辞めるという現実の一端を、僕は垣間見《かいまみ》た気がしました。

辞めたくなる大きな要因は、会社に入っても仕事を楽しめないからに違いありません。アメリカの調査会社『ギャラップ』が一四二の国と地域で「雇用者」の意識を調べたデータ（二〇一一／二〇一二年）があります。これによると、「仕事に情熱を持っている」と回答した日本人はわずか七パーセントしかいなかった。同様のアンケートはさまざまな調査機関で実施されていて、アメリカの人事コンサルティング会社『ケネクサ』が調べた「従業員エンゲージメント（＝やる気）」では、日本は二八カ国中〝最下位〟という結果も出ています。

就職しても楽しく働ける人生が待っているわけじゃない。そんな時代なのに、なぜ学生たちは相変わらず会社に入ることばかりを目指すのだろうか？　原因を考えていて、ふと思い当たることがありました。自分が学生時代、「独立したほうがいいよ」とアドバイスしてくれる人は誰もいなかった。起業していた先輩でさえ、独立を勧めることはなかった。おそらく、独立を勧めた後輩が本当に独立して、もしも失敗したときは、「あなたのアドバイスが間違っていた！」と言って恨まれるに違いない。そう思えば、「いい会社を目指せ」とアドバイスしておいたほうが無難ということだったのでしょう。でも、もはやそれも無難なアドバイスではなくなっている。

僕自身、サラリーマン家庭に育ったから、独立心が旺盛だったわけじゃない。ここまで書いてきたように、studio-Lを立ち上げたのは、働き方を探しながらたどりついた結果であって、半ば成り行きのようなもの。独立したくて独立したわけじゃなく、独立したほうが好きな働き方ができると後から思えたからでした。

で、実際に独立してみると、こんなに素晴らしい選択肢をなぜいままで誰も教えてくれなかったのかと思えた。何をやるか、どんなペースでやるか、どういう順番でやるか、すべて自分で意思決定ができる。学ぶ時間だっていくらでもつくれる。「誰かに働かされている」という感覚は一切ない。これは精神的にものすごく楽。つまりは楽しいということ。それを実感しているから、僕は若い人たちに個人事業主という働き方を考えてみることをアドバイスしているわけです。

そして、そのときにふるさとという場所が大きな意味を持ってくる。

ふるさとを元気にする働き方

地代家賃の高い都市部で事業を始めるには、それなりの開業資金がかかります。事業計画書を作成して、銀行から融資を受けるという方法もあるけれど、社会人経験も実績もない若者にはハードルが高い。また、借金を抱えてのスタートは、「返済」が働くことの主目的になってしまい、「楽しむこと」が後回しになる可能性もあります。

その点、中山間離島地域なら、場所はいくらでも見つかります。この本の原稿を書き始めた直後、僕の大切な友人でもある番組制作会社のディレクターが、奥さんと四人の子どもを連れて東京から大山町《だいせんちょう》へ移住しました。大山町は、日本一人口が少ない鳥取県の西部にある自治体。二〇一三年にstudio-Lが関わった大山町の総合計画『大山町未来づくり10年プラン』策定の現場を取材したことがきっかけで、彼は大山町の魅力に惚《ほ》れ込んだのです。

その取材の過程で出会った役場の職員から、「町営のケーブルテレビをもっと有効に活用したい」と相談を受けた彼は、自分の会社のノウハウを役に立ててもらうことを提案します。話はとんとん拍子に進み、ケーブルテレビのコンテンツ制作を全面委託されるプロジェクトに発展。彼の移住は新しい仕事の創出に伴うものでした。

とはいえ、奈良県出身の彼には縁のない地域ですから、住む家がない。手始めにインターネットで物件を探すと、独身向けのアパートが一件あるだけ。役場に問い合せてみると、「町には不動産屋はありません」とのこと。引っ越し業者が大忙しの都会と違って、中山間離島地域では仲介業がビジネスにならないところもあるのです。

でも、彼は庭付き5LDKの大邸宅（?）を確保しました。そこは役場が医師不足解消のために用意していた通称「医師住宅」。町の病院が移転して空き家になっていた住宅を、役場が月三万円で貸してくれることになったのです。

さらに、確保しなければならなかったのは、番組づくりの拠点となるサテライトオフィスです。役場の担当者から「場所ならいくらでもある」と言って貸してもらえたのは閉鎖された保育園。広い教室がいくつもあるだけでなく、園庭もあればプールまである。ここも家賃は三万円。必要なテーブルやソファは地元の人たちが無償で提供してくれた。スタジオの看板は近くの海岸から拾ってきた流木《りゅうぼく》で作成。一番頭を悩ませたのは広い園庭の草刈りで、そのためにヤギを飼うアイデアも出ますが、この課題解決は役場から保育園の管理を委託された近所の自治組織が担ってくれることになったそうです。

その気があって、やる気があれば、それほどお金をかけることなく中山間離島地域では事業を始めることはできるのです。「事業」というと身構えてしまう人もいるかもしれませんが、個人で始めるなら小さな取り組みでもいいのです。

たとえば、自宅の一部を開放してカフェや雑貨屋をオープンした人もいるし、薪で焼くパンや手づくりアクセサリーの工房を開いた人もいます。

もっと小さな働き方も、中山間離島地域ではニーズがある。高齢者にとっては、買い物の代行や通院の送り迎えも喜ばれる仕事です。欲しいものをインターネットで探してあげるのもいい。高い場所の電球の取り替えや障子の張り替え、庭の草むしりといったメンテナンスも大事な役目になります。

こう言うと、便利屋みたいに思われますが、依頼を待っているだけの便利屋とは違います。地域の人たちが困っていることを能動的に探していくのです。必要なのは地元に溶け込む姿勢と、課題を見つける力。その二つがあれば、小さな働きを大きく広げていくことはできます。

隣の家の小学生に勉強を教えていることが寺子屋（私塾）に発展することもある。スポーツをやっていた経験があるなら、地元のチームのコーチも担える。商店や飲食店のホームページをつくる手伝いが、ウェブデザインの仕事につながることもある。ソフトのプログラムが組める人なら、地域のためのアプリ開発が仕事になるかもしれない。実際に、自治体の税金の使い道を可視化したり、ゴミの収集日を知らせてくれたり、避難所マップや避難ルートを教えてくれるアプリがすでに実用化されているまちもあるのです。

働きの一つ一つはわずかな稼ぎにしかならないかもしれませんが、最初から大きな事業を一つに絞って、上手く行かなかった場合のリスクに怯《おび》える必要はない。小さな仕事をたくさん集めれば、中山間離島地域では楽しく生きていくことができるはずです。それが若い人たちにも実践できる、ふるさとを元気にする働き方だと僕は思うのです。

就職と違って、個人事業主は学生でもなることができます。大学三年生くらいになったら、夏休みなどに期間限定でいいからふるさとで何かの仕事を始めてみるのもいいと思います。その体験は後々必ず力になるし、もしも「私には合わない」と感じたら、それから就職という道を選んでも遅くはない。

東北芸工大のコミュニティデザイン学科の学生たちには、三年生になったら全員税務署に行って青色申告の届け出をしてもらう予定です。自分で屋号を決めて、卒業前に個人事業主になる。彼ら、彼女たちが、自分で働き方を見つけて生きることの楽しさを一日も早く感じ取って、ふるさとを元気にする人材の先駆けになってくれることを僕は願っているのです。

第五章

ふるさとを元気にする人たち——「風の人」と「土の人」

「風と土が〝風土〟をつくる」という表現は、三〇年くらい前から地理学の分野で使われるようになりました。

風は外から食料や文化や技術などの種を運んでくる。その種を土が受け止め、芽を出すように長い年月をかけて育む。こうして風土というものが形成されていくという考え方です。

佐佐木綱さんをはじめとする風土工学の研究者たちは、「景観十年、風景百年、風土千年」という言葉を用いました。風土がつくられるまでには一〇〇〇年もの時間を要するという意味で、これはふるさとの未来を考えるときの大事な視点になります。

日本においては、どんなに構造的に強い建物をつくっても、とても一〇〇〇年はもたない。ハードの力だけで地域を元気にしようと思っても、変えることができるのは表面的なところでしかない。その地域に根付いた伝統や文化といったソフトの面が代々伝えられていくことで、はじめて風土はつくられていくのです。

人と人とがつながることも、ふるさとの風土が形成されていくための重要なソフトと言えます。地方によって暮らす人々には気質というものがあり、その気質の上に地域ならではの規範がつくられていきます。ふるさとの風土がバラエティに富んでいるのは、さまざまなソフトが各地にあるからなのです。

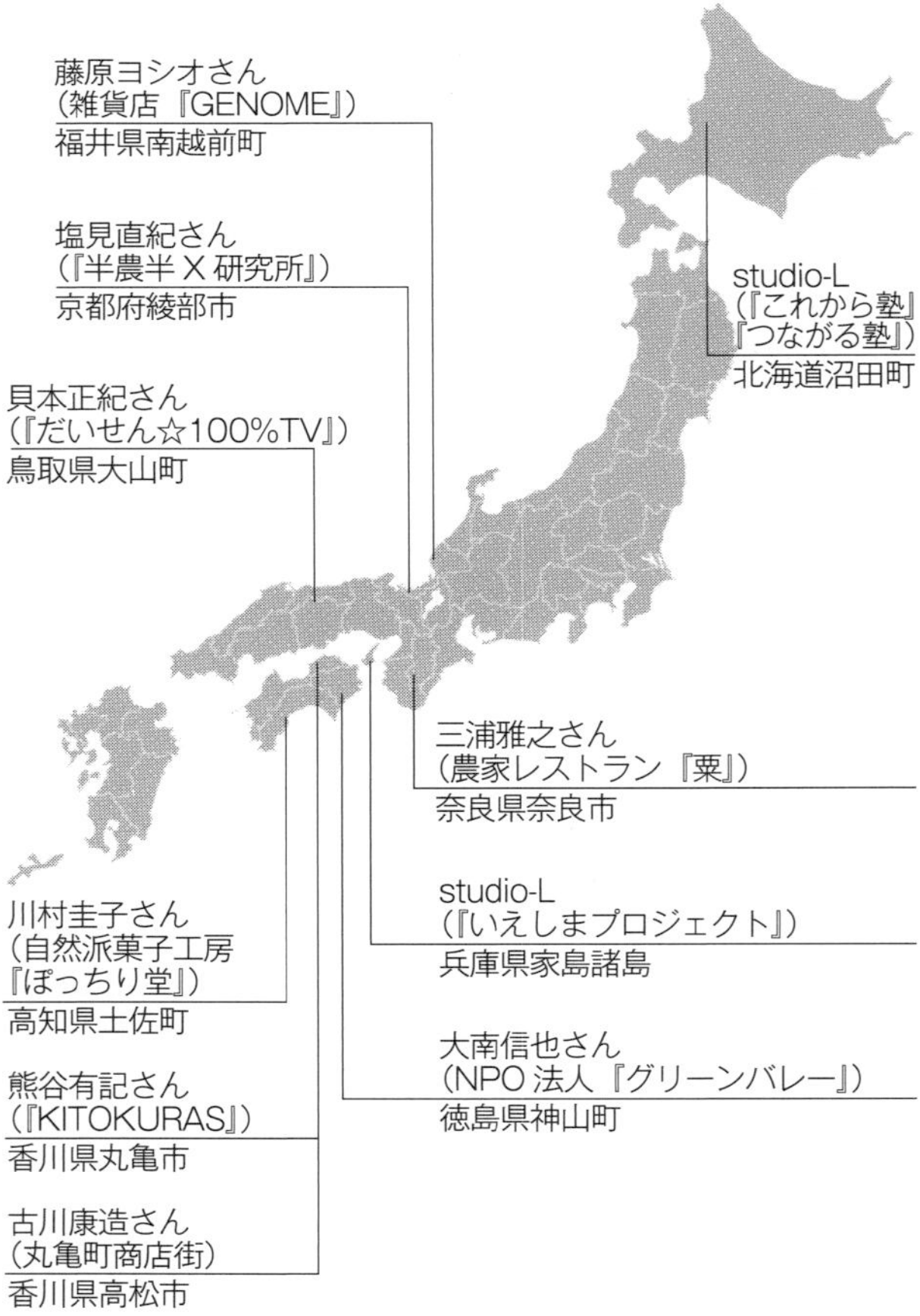
藤原ヨシオさん
(雑貨店『GENOME』)
福井県南越前町
塩見直紀さん
(『半農半X研究所』)
京都府綾部市
貝本正紀さん
(『だいせん☆100%TV』)
鳥取県大山町
studio-L
(『これから塾』
『つながる塾』)
北海道沼田町
三浦雅之さん
(農家レストラン『粟』)
奈良県奈良市
studio-L
(『いえしまプロジェクト』)
兵庫県家島諸島
川村圭子さん
(自然派菓子工房
『ぽっちり堂』)
高知県土佐町
大南信也さん
(NPO法人『グリーンバレー』)
徳島県神山町
熊谷有記さん
(『KITOKURAS』)
香川県丸亀市
古川康造さん
(丸亀町商店街)
香川県高松市

ふるさとを元気にする人たちマップ

ところが、過疎化と少子高齢化によって、人と人とがつながる仕組みがふるさとでも昔のようには機能しなくなりつつある。消えそうになっている関係を深めたり、新たなつながりをつくり出していこうというコミュニティデザインは、いろいろな種を蒔《ま》いて地域のソフトの修理や再構築をすることと言ってもいいでしょう。

この章では、種を蒔く「風の人」である studio-L の仕事の中身と、各地のふるさとでさまざまな種を育てている「土の人」たちの活動を紹介していきます。

風の人

「まちづくり」の発端

第二章でコミュニティデザインが時代とともに1・0、2・0、3・0と移り変わってきたことを振り返りました。僕が独立して studio-L を立ち上げた二〇〇五年は、コミュニティデザインが3・0の局面に入った時期でしたが、それからすでに一〇年が経過したことになります。その一〇年の間にも、コミュニティデザインという仕事は変化――というよりも

〝広がり〟を見せています。

最近、学生たちからこんな質問を受けることが多くなりました。

「まちづくりと、コミュニティデザインって、どう違うんですか？」

じつを言えば、僕の頭の中でも明確な違いは整理できていません。その一番の理由は、コミュニティデザイン3・0の仕事が発展途上にあり、僕自身も想像していなかった可能性をどんどん構築している過程にあるからです。

とはいえ、せっかくまちづくりやコミュニティデザインに興味を持ってくれた若い人たちの質問に、「僕もわからない」とは言いたくない。そこで、一度じっくり調べてみたことがあります。

「まちづくり」という言葉を最初に使ったのは誰なのか？　いくつかの説はありますが、もっとも信頼できそうなのは、名古屋のふとん屋さんの活動でした。

一九六〇年代になって、名古屋の栄東《さかえひがし》地区で再開発の計画が持ち上がります。その当時は都市開発に住民参加という発想はまだなく、まちの整備は行政が考えて住民に与えるものでした。しかし、自分たちが暮らす地域のリニューアルを他人任せにすることに疑問を感じた人物がいたのです。それが『あづま屋』というふとん屋さんを営む三輪田春男さんでした。

当時五〇代だった三輪田さんは、地域の未来を住民が考えて行政に提案する草の根的な活動を、「都市・計画」とは言わずに、「まち・づくり」と呼びました。三輪田さんの活動は、最終的には栄東地区の再開発に結実しませんでしたが、一九六九年に施行された都市再開発法（第二章・第一節の二）には、住民の三分の二の同意で市街地再開発組合を設立すれば住民が施行の主体となることができる旨が盛り込まれました。これは、三輪田さんが中心となって地道に取り組んできた市民活動の影響といわれています。

都市計画という言葉を使っていた専門家たちも、一九六〇年代の後半になると積極的に海外へと視察に出かけていきました。アメリカでは建築家のグループが行政や大学と協力して都市計画に取り組み、各地で「コミュニティデザインセンター」が盛んに設立されていた時期です。専門家たちは、住民参加によるワークショップの手法をそこで学び、同時に「コミュニティデザイン」という言葉も日本に持ち込まれたわけです。

しかし、コミュニティデザインという言葉は日本人には伝わりにくかった。前述したように、コミュニティを「共同体」と訳せば、誤解を与えかねない。そこで、コミュニティを「まち」に言い換え、デザインを「つくること」と訳し、「まち・づくり」という言葉が日本の都市計画の専門家たちの間でも使われるようになったのです。

まちづくりという言葉は、異なる二つの活動から日本に定着したと言っていいでしょう。もっと前にどこかの大学の教授が提唱していたらしいという説もありますが、活動の実態がともなったものではない。まちづくりという言葉の生みの親は、自分たちが住む地域を、自分たちの力で暮らしやすくしようと活動した「商店街のふとん屋のおっちゃんたちだった」と言ったほうが、夢があっておもしろいなという気がします。

コンサルタントに非ず

その後、都市計画の分野では「まちづくりコンサルタント」といわれる人たちが登場しました。市町村の総合計画の策定を請け負ったりする業者で、アメリカで考案されたワークショップの手法を日本向けにアレンジすることを試みた人たちとも言えます。その意味では、まちづくりの先輩たちではありますが、studio-Lを立ち上げた当初の僕は、正直言って「まちづくりを看板には掲げたくない」という気持ちも抱いていました。

すべてがそうだとは言いませんが、役所の職員でさえ読む気にならない総合計画書をつくるまちづくりコンサルタントも存在しているのです。また、住民参加と言いながら、単なる説明会でしかないワークショップを開催している業者もいた。それは僕がやりたかった活動とは、明らかに違っていた。まちづくりという言葉が名刺に入っていれば、仕事の内容は説明しなくても伝わったかもしれませんが、コンサルタントだと思われてしまう可能性がある。それを避けるために、studio-L はあえて「まちづくり」を名乗らなかったのです。

名乗りにくいという事情もありました。独立したときに手掛けていたのは、有馬富士公園やユニセフパークプロジェクトの仕事です。パークマネジメントをやっている人間が、まちづくりのプロフェッショナル集団《ギルド》を名乗ることにも違和感があった。

僕たちは、相談を受けた課題に対して解決策を提示するコンサルタントではない。課題を解決するためのソフトを、課題を抱えている人たちの力を引き出しながら構築するデザイナーなのです。その違いを明確にするために、studio-L を設立した当初は、まちづくりコンサルタントが引き受けるような分野の仕事は、意識的にやらないようにしていました。

兵庫県姫路《ひめじ》沖に四〇あまりの離島からなる家島《いえしま》諸島があります。ここで僕たちが携わった『いえしまプロジェクト』は、生活スタジオのフィールドワークからスタートしたものでした。studio-L のコアメンバーである西上ありさがまだ学生だった二〇〇二年、彼女が卒業研究に選んだテーマが「まちづくり」。相談を受けた僕は、コンサルタントがつくるような計画の提案ではおもしろくない、見ず知らずの地域に飛び込んで課題を探るところから始める

『探られる島』で地域を探る学生たち

NPO『いえしま』のメンバー

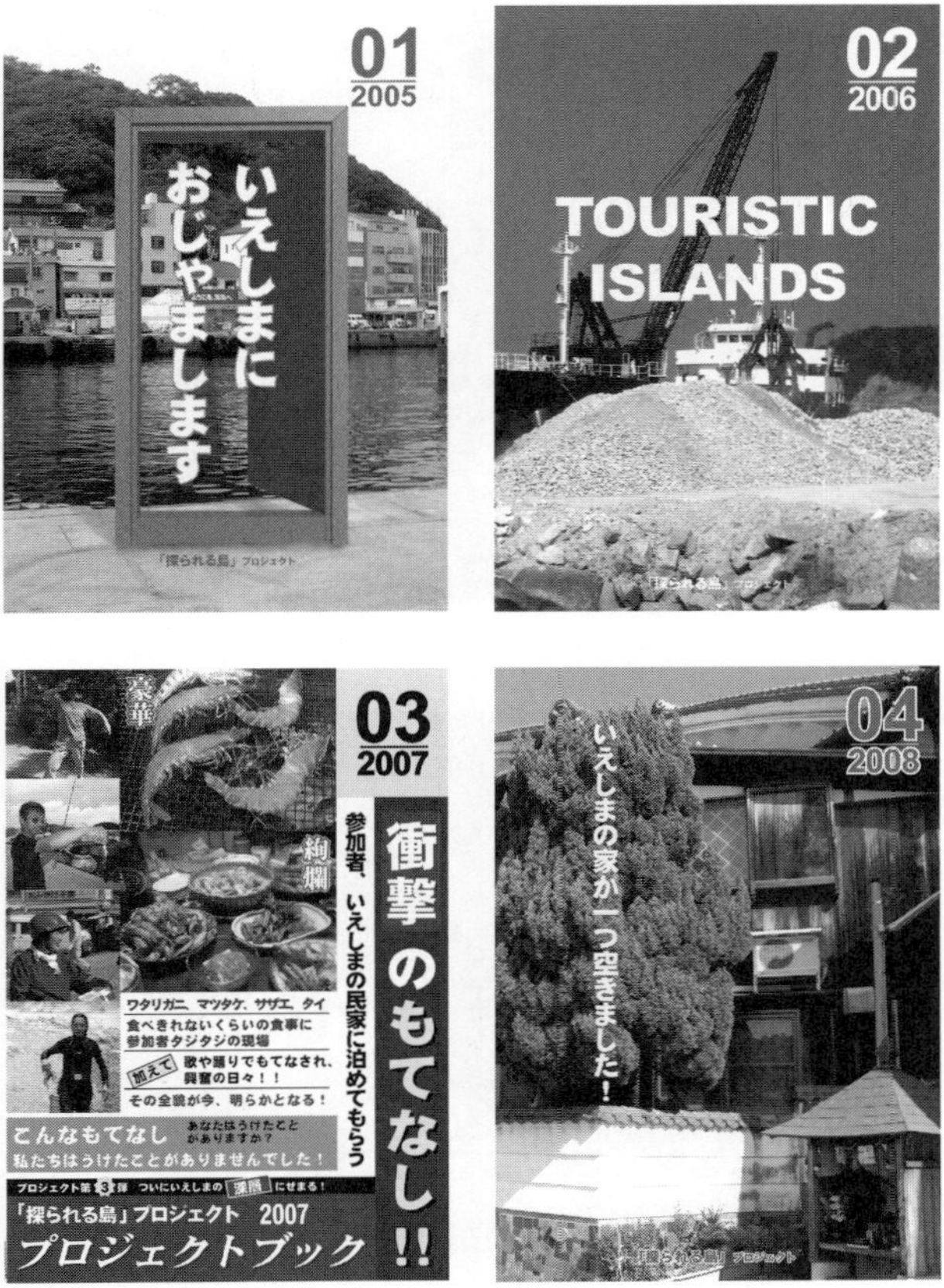

『探られる島』プロジェクトの冊子

くらいのほうがいいとアドバイスしました。その地域をどこにするのかは、地図を広げてダーツを投げて決めればいいと半ば冗談で言うと、西上は本当に西日本の地図を広げた。大阪を目がけて投げた彼女のダーツは、狙いを大きく外れて家島諸島に刺さった。そこから『いえしまプロジェクト』は始まったのです。

地域の魅力や課題を明らかにする作業は、コンサルタントにもできます。しかし、それだけでは何かが足りない。実際に僕らが家島町の人たちの意見をまとめて最初につくったガイドブックは、島の名所や見どころは網羅されているけれど、どこかで見たことがあるような新鮮味に欠けるものでした。

コンサルタントがやらない仕事、デザイナーにできるまちづくりとは？　考えた末に出てきたのは『探られる島』というアイデアです。島の住民には当たり前の風景でも、よそ者の僕たちには「おもしろい！」と感じられる風景が島のいたるところにあった。たとえば、使わなくなった古い冷蔵庫が家の外に置いてあり、農耕具の収納庫になっている。都会ならすぐに粗大ゴミになるけれど、離島では廃棄物の処理にも高い費用がかかります。その不便さを逆手に取って、島では使われなくなった道具がいろいろな生活シーンで再利用され、エコな生活を支える手段になっていたのです。

『探られる島』は、住民が気づいていない島の魅力を、島外の人たちが発見するプロジェクトとして五年間続けました。毎年三〇人の参加者の中心は大学生。家島を訪れ、離島での暮らしを楽しんだ学生たちは、家島のファンになります。探り当てた魅力は『いえしまにおじゃましまます』というタイトルの冊子にまとめました。島から戻った学生たちは、この冊子を使って家島の魅力を友人たちにPRしてくれます。いわば観光大使のようなものです。さらに冊子は、就職活動で自分たちがやってきたフィールドワークを説明するための資料にもなった。

そして、島の住民たちもプロジェクトを通して都市部の人が島のどこに魅力を感じるのかを知ることになります。風の人たちが蒔いた種が、その土地に暮らす人たちの主体性となって芽吹いたわけです。自分のふるさとに対する新たな視点を持ったことで、住民たちは観光客を楽しませるための家島ならではのもてなし方を積極的に考えるようになります。

島のおばちゃんたちは、新たな特産品の開発にも取り組むようになり、二〇〇七年にはNPO法人『いえしま』が立ち上がりました。収益はまちづくりのために使われ、廃刊になっていた広報誌の復活や、福祉タクシーの運行が実現しています。地域が「自走を始める」とは、こういうことです。

もちろん、自走の段階に至るまでには、相応の準備が必要になります。NPO法人とは何か、法人化することのメリットは何なのかといったことを、おばちゃんたちに勉強してもらうのも、僕らの大切な仕事でした。

いまもstudio-Lでは、NPO法人『いえしま』のおばちゃんと協働で特産品を通じたまちづくりに携わっています。でも、いつかおばちゃんたちから、こう言われる日がくるでしょう。

「もう自分たちでやっていけるから、あんたたちは必要ない」

地域の人たちから必要とされなくなること――それが僕たちの手掛けるプロジェクトの最終目標なのです。

水神様の知恵

コンサルタントの業務とは違ったやりかたでstudio-Lはまちに関わってきました。ところが、二、三年くらい経つと、市町村の総合計画や産業振興ビジョンの策定といった、コンサルタントやシンクタンクがよくやるような仕事の依頼が増えてきた。それらの仕事を引き受けるたびに、コンサルタントとの差異化をどう図ればいいのかを考えてきました。

ワークショップを活動の中心にし、参加した住民が主体となること。そして、アウトプットに特徴を出すこと。活動報告書や総合計画書をまとめるにしても、市町村の特色を表現した「おしゃれ」「かわいい」「かっこいい」といった要素にこだわってきました。それがデザイナーとしてまちづくりに関わる意味でもあるからです。

僕自身が一番つくりたいと思っている、〝人と人とがつながる仕組み〟についても、いわゆるコーディネーターとは違うやり方を常に考えていました。じつは、僕らの手法というのは、きわめて日本的なやり方なのです。

それまで福祉の分野などで行われてきた相談援助技術やケースワークの手法は、欧米から輸入された概念で、援助する人たちと援助される人たちとの間で展開する方法論でした。でも、「する側」「される側」という関係を前提にしたつながりでは、コミュニケーションの目的も違ってくるし、共有できる価値も限定されます。

一方、僕たちがつくろうとしてきたのは、参加する人たち全員が同じ目的意識を持って主体的に活動し、同じ楽しみを分かち合えるつながりです。有馬富士公園のプロジェクトでは、「キャスト」と「ゲスト」というつながりをつくりました。言葉だけで見れば、「する側」と「される側」の関係に思えるかもしれませんが、公園に来る人たちは全員が能動的に楽しむ主体者であり、「ゲスト」はいつでも「キャスト」になれるのです。

主体性を形成することと、人と人とがつながる仕組みとは、必ずしも同義ではありません。個人主義が確立している欧米なら、同じ目的意識を持った人と人とが、直接つながることも難しくない。つながりたい人を見つけたら、「ともだちになろう！」と言って近づき、仲良くなるコミュニケーションも成立します。アメリカのスターバックスコーヒーは、客同士の出会いの場という意味での「サードプレイス」をコンセプトに成長しましたが、日本には見知らぬ人との出会いを求めてカフェに行くという人はほとんどいない。

何かのテーマについて議論するときも、否定や対立から始めて、より高い次元に向かおうとするアウフヘーベン（弁証法の基本概念の一つ）みたいなコミュニケーションは、日本人には馴染《なじ》まない。地域の住民に集まってもらい、「このまちの課題を解決する方法を話し合ってください」と、いきなりテーマを投げても、活発な議論は望めないものです。だから日本では、あらかじめ答えを用意しておき、「ご理解をいただく」ことが目的になるようなワークショップがあちこちで行われてきた。

しかし、日本のふるさとには、日本人の気質に合ったコミュニケーションの知恵が昔からあったのです。僕がよく例に出すのは「水神様《すいじんさま》」。まだ洗濯機が普及していない時代、集落の洗濯場は近くの川でした。そういった水を使う共有スペースに祀《まつ》られていたのが水神様です。

洗濯をしている途中で来客があったりすると、子どもが呼びに来て、お母さんは急いで家に戻ります。川辺に置きっぱなしの洗濯物を見たよそのお母さんたちは、「こんなところに投げ出したままにして！」と思っても、それを口にすれば人間関係がギクシャクすることを知っています。では、どうするか？　お母さんたちは、「あらまぁ、水神様に叱られたらたいへん……」と言って、みんなで寄ってたかって洗濯物を片付けてくれるのです。直接言えば角が立つけれど、間に水神様を置いておくことで、否定や対立をすることなく、やんわりと意思を伝える術を知っていたわけです。

コミュニティデザインも、言ってみればまちの人たちの間に水神様を置くような仕事です。人対人の直接的なコミュニケーションではなく、間に置かれた水神様に関することをみんなで一緒にやっているうちに、結果的に地域の人たちのつながりが育まれていく。有馬富士公園のケースでいえば、キャストとなる市民団体の多様な活動プログラム（自然観察、里山探検、工作、演奏会、茶道教室など）が水神様の役割を果たしてくれます。まちづくりのワークショップでは、参加者全員が共有できる夢や未来を描く作業が水神様になる。どうすればみんなで楽しみながら夢や未来をデザインできるかという手法を、それぞれのプロジェクトで独自に考えて、僕たちは実践してきたのです。

最近では市町村だけでなく、美術館や病院や寺院や生協といったところからも「コミュニティデザインをやってほしい」という依頼が来るようになりました。また、内閣府のワーキング・グループにも参画していますし、企業の社員研修を頼まれたりもします。まちづくりコンサルタントとは違うやり方をしてきたことで、さまざまな課題に対応できるようになり、コミュニティデザインのフィールドがどんどん広がってきたと僕は感じています。

もしもstudio-Lが「まちづくり」の看板を掲げていたら、ここまでの広がりはなかったに違いありません。あらゆる「コミュニティ」で人と人とがつながる仕組みを考えてきたことで可能性がふくらみ、コンサルタントでもコーディネーターでもない独自の〝働き方〟ができあがったのです。

コミュニティデザイナーになるには

コミュニティデザイナーに資格は必要ありません。なりたければ誰でもなれます。しかし、studio-Lでは他の会社のように新卒者を定期採用してはいません。そもそも個人事業主の集まりであるギルドなのですから、「入社してから勉強します」という人はいらない。あらかじめ最低限のことは勉強しておいてもらわなければ困るのです。その意味で東北芸工大につくったコミュニティデザイン学科は、学生のうちにコミュニティデザイナーになる準備ができる初めての場所と言っていいでしょう。

コミュニティデザイン学科ができる以前は、社会人を対象にスタッフを探していました。といっても、なかなか即戦力は見つからない。そこで僕も募集をかけたことがあります。使うのはフェイスブックやツイッター。僕のタイムラインをチェックしている人なら、少なからずコミュニティデザインに関心を持っているはずだからです。そこに、「合流して一緒に働きたい人を募集します」と、いきなり情報を流す。しかも、週末の夜に流す。みんなが遊んでいそうな時間帯に僕の情報をキャッチする人なら、きっと地域への課題意識も高いと思えるからです。

そうすると一〇〇人くらいの応募があります。が、ほとんどの人が一般企業への就職と同じだと思って応募してきます。「合流しても給料がもらえるわけじゃない、個人事業主として働くことになる」とわかると、八割くらいは辞退する。

それでいいと僕は思っています。個人事業主として働くことを、「おもしろそうだ！」と感じられる人じゃなければコミュニティデザイナーとしてやってはいけない。中山間離島地域へ行けば、農家のおっちゃんも、商店のおばちゃんも、みんな個人事業主です。まちに不満を抱えた個人事業主が、行政職員にぶつける決まり文句は、「あんたたちは黙っていても給料がもらえるんだから、私らの苦労なんかわからないでしょ？」というもの。でも、個人事業主のコミュニティデザイナーは、おっちゃんたち、おばちゃんたちと同じ苦労を背負って働く人間なのです。

コミュニティデザイナーの収入は、自分で決めます。たとえばstudio-Lに一〇〇〇万円のプロジェクトの依頼があったとします。そのうち二〇パーセントは法人管理費として留保します。これは会社の維持や納税のためです。そして一〇パーセントは、仕事を発生させる関係性をつくっていた人に営業費として支払われます。さらに、企画の立案者に一〇パーセント、オフィスの家賃や光熱費等の間接経費に五パーセント。残りの五五パーセント、つまり五五〇万円がプロジェクトの実行予算となり、その使い方はプロジェクトリーダーになった人間に任されます。

ヒアリングやワークショップを何回やるか、アウトプットのグラフィックデザインにどれだけお金をかけるか、予算の使途は多岐に渡ります。大勢の住民を集めたワークショップなどを行うプロジェクトは、通常は数人でチームをつくって取り組みます。その場合は、プロジェクトリーダーが他のスタッフに仕事を発注して協働してもらうことになります。僕自身も、誰かの下に入ってプロジェクトを手伝っているケースがいくつもある。

交通費や宿泊費も、贅沢《ぜいたく》をしたければ新幹線のグリーン車や飛行機のファーストクラスを使い、高級ホテルに泊まることもできます。ただし、それだけ手元に残るキャッシュ（＝収入）は減ります。もしも予算をオーバーして、赤字になったとしても、誰も補塡《ほてん》してはくれません。

studio-L のコミュニティデザイナーは、一年間で五〜六件のプロジェクトを担当します。僕自身は約二〇件のプロジェクトに関わっていると書きましたが、これは数年がかりの長丁場になるプロジェクトが多いためです。仕事の依頼は年々増えていますから、やる気があれば担当するプロジェクトはいくらでもあります。といっても、一人一人が個人事業主ですから、そこには競争原理も働く。プロジェクトリーダーは、より高いスキルを持ち、その分野のことをよく勉強している人間に任されます。力不足、勉強不足では、仕事は来なくなる。それがコミュニティデザイナーズ・ギルドの仕組みなのです。

一年間は無報酬

不思議な職場だな、と思った人もいるかもしれませんね。でも、一〇〇人の応募があれば、二割の人はstudio-Lの働き方を受け入れてくれます。ただ、個人事業主になることへの準備ができていない人は、そこまで。

面接をして、僕らと一緒に働けそうな人を最終的に五人くらいに絞ります。絞り込むのはそれほど難しいことではありません。「合流したら一年間は無報酬です」と伝えると、半分以上は辞退します。

なにもタダ働きをさせようとしているわけではないのです。僕らと合流するということは、就職ではなく独立に他なりません。プロジェクトの多くは地方自治体が依頼主ですから支払いは年度末、つまり一年後ということ。その仕事を個人事業主として請け負うならば、最低でも一年間は自活できるだけのお金は蓄えておいてもらわなければなりません。独立する覚悟がある人なら、事業資金を担保しておくのは当たり前のことです。

また、合流したからといって、いきなり営利事業のスタッフになるわけではありません。studio-Lには非営利の事業があります。『いえしまプロジェクト』がそうですし、二〇〇七年から三重県伊賀《いが》市で森林問題に取り組んでいる『穂積製材所プロジェクト』もそうです。

合流した人たちは、こうした非営利のプロジェクトに参加し、インターンとして経験を積みます。参考となる事例調査や資料収集などをしながら、コミュニティデザインの現場を学ぶ。その過程で僕らはインターン一人一人の個性や長所を見出《みいだ》し、十分なスキルがあると判断できれば、意思決定を行う立場のスタッフに上げて、非営利プロジェクトの主担当、さらには営利プロジェクトの補助業務を委託することになるのです。

インターンの時期は、コミュニティデザイナーになるための試練と感じるかもしれません。収入がないこともそうですが、インターンの間に「やっぱり私には向きません」と言って辞めていく人もいます。残念だなと思いながらも、情熱の灯が消えてしまった人を引き留めても仕方がない。インターンは、いわば仮免許みたいなもの。その間に必要な能力を身につけ、働く楽しさを自分からどんどんデザインしていける人じゃなければ、スタッフに上がることはできないのです。

具体的なケースを書いたほうがわかりやすいかもしれませんね。二〇一四年四月から studio-L に合流した山本洋一郎という仲間がいます。前年の九月頃に、「北海道のプロジェクトを一緒にやってくれる人を探しています」と僕がフェイスブックで告知したときに、連絡をくれた中の一人でした。

山本は愛知県名古屋《なごや》市出身。東京の大学・大学院で建築やデザインを学び、留学もしている。一級建築士の資格を持ち、二〇〇八年から大手建設会社の設計部で働いていました。という経歴には、なんだか僕と共通するところも多いけれど、彼自身もこう思っていたそうです。

「東日本大震災が自分の働き方を見つめ直すきっかけになりました。会社では高層ビルや再開発地域の商業施設の設計に関わっていたんですが、建てる以前に解決すべき課題が山積みじゃないかと気づいた。高齢化もそうだし、自殺や孤独死が増えていることもそうです。そういった課題の解決に関われて、かつ自分の経験を活かせる仕事は何だろうと考えていた時期に、妻が『一度話を聞いてみたら？』と、山崎さんのフェイスブックの告知を教えてくれたんです。じつは妻も建築設計の仕事をしていて、出身が北海道なので、知らない土地でもないなと思って連絡してみたんです」（山本）

僕が山本に初めて会ったのは一二月でした。震災体験が自分の働き方を考える契機になったというのは、僕と一緒。マルヤガーデンズや延岡でのプロジェクトなど、studio-L の仕事についてもある程度は知っていてくれた。ここまで考え方や情報が共有できていると、話は早い。フェイスブックでは「北海道のプロジェクト」としか伝えていなかった仕事が、石狩《いしかり》平野の北部にある沼田《ぬまた》町の「農村型コンパクトエコタウン構想」であることを告げると、山本は驚いてこう言ったのです。

「沼田町は僕の妻のふるさとです」

〝幸運な偶然〟は、行動を起こす人のところに訪れるのです。

「一年間は無報酬と聞いたときはちょっと心配になりましたけど、建築の分野では独立して働いている人はたくさんいるし、僕自身もいつかは独立したいと思っていたんです。独立するという前提で studio-L の働き方を考えると、一緒に話し合える仲間がたくさんいるし、大阪にはみんなで仕事ができるオフィスもある。これは理想の環境だなと思って、その場で合流しますと返事をしました」(山本)

合流したら当然インターンから始めてもらいますが、彼の場合は少し変則的でした。勤務先の建設会社では設計を担当している大きなプロジェクトが継続中で、年度替わりの四月前には退職できない。一方、僕としてはすぐにもインターンとして集中的にコミュニティデザインの実務を学んでもらい、四月にはスタッフとして沼田町のプロジェクトを担当してもらいたかった。相談の結果、山本は二足のわらじを履くことになったのです。

「会社の仕事はこれまで通りやり、帰宅してから studio-L のインターンとして沼田町のプロジェクトに必要な調べものをしたり、資料をまとめたりしていました。会社が休みの日は西上さんが担当するプロジェクトのワークショップを手伝ったりしましたから、休みは一切なし。というより、会社の仕事も毎日終電までかかるほど忙しかったので、インターンの業務は夜中に寝ないでやっていた。年が明けてからの三カ月間は、いつ寝ていたのかよく覚えていない（笑）」（山本）

社会人経験を積んでから studio-L に合流する人には、それまでのキャリアを存分に活かしてくれることを期待します。しかし、インターンになった人に僕が最初に必ず言うのは、社会に出てから身につけた価値基準を持ち込まずに、一からコミュニティデザインを学んでほしいということ。自分が主体となる仕事で役に立つ能力が、住民が主体となるコミュニティデザインの現場でも役に立つとは限らないからです。たとえばプレゼンテーションの能力を磨いた人は、話術で相手を説得することに長《た》けている。でも、説得する技術は相手から主体性を奪う道具になることもあります。

その観点から言うと、社会人よりも学生のほうが、一からコミュニティデザインを学ぶのには適した環境にあると言えるかもしれません。

託された役割

二〇一四年四月から、山本はスタッフとして僕と西上とともに沼田町のプロジェクトに加わりました。このプロジェクトを通して、〝風の人〟の働き方を紹介したいと思います。

地方自治体が主導するプロジェクトは、多くの場合、地域振興の部署の担当者から依頼が来ます。ところが、沼田町の場合は違いました。町長が直々に僕を訪ねて来たのです。しかも、一度や二度ではなかった。大阪でも、名古屋でも、東京でも、僕がいるところを追いかけるように、何度も会いに来てくれた。裁量権を持つ人物の熱意は、プロジェクトの成否を大きく左右します。じつを言えば、町長からオファーがあった二〇一三年、僕自身はスケジュール的に大きなプロジェクトリーダーを引き受けられる状態ではなかったのですが、「つくる前から、つくった後のことを考えたまちづくりをしたい」という町長の言葉に、いつの間にか僕も共鳴してしまっていました。

沼田町は、旭川《あさひかわ》から車で西へ一時間ほどの位置にあります。炭鉱の町として栄えていた一九六〇年頃には、約二万人の住民が暮らしていましたが、現在の人口は三二七五名（二〇一五年八月）。基幹産業は農業で、品質が良く利益率の高い農産物が採れます。夏に食べたトマトやトウモロコシは、お世辞抜きにビックリするほど美味《おい》しかった。でも、もっとビックりしたのは冬の雪。道内でも豪雪地帯の沼田町は、市街地でも二メートル近く雪が積もります。その気象条件を利用し、雪室《ゆきむろ》をつくって貯蔵した「雪中米《せっちゅうまい》」は、沼田町の特産品の一つ。

町の面積は二八三・三平方キロメートル。茨城県のつくば市とほぼ同じ大きさで、北部一帯は山林、南部に農地があって、市街地は農地を横切る留萌《るもい》本線「石狩沼田」駅の周辺にまとまっています。日本の中山間地域には集落がばらばらと点在しているところが多いことを考えれば、市街地がまとまっているのは「まち」として理想的なかたちとも言えます。

その沼田町が抱える課題には、人口減少や少子高齢化といった全国のふるさとが直面している悩みと共通するものがたくさんありました。その中でも一番大きな喫緊の課題は、医療・福祉の分野。町にはJA北海道厚生連が経営する、入院機能を持った沼田厚生病院があった。しかし、年間二億円の赤字が出ていて、それを毎年、役場が補填していたのです。

病院が町からなくなっては困るけれども、維持のために毎年二億円を拠出し続けなければならない状態は、かなり深刻と言えます。町長は厚生病院から入院機能を外すことを考えました。クリニック（診療所）にすれば、人件費や維持管理費は大幅に削減することができます。この案を住民に問うてみると、それほど多くの反対意見は出なかった。

隣接する深川《ふかがわ》市には大きな市立病院があります。積雪のない時期なら沼田町から車で二〇分くらいで行くことができる。入院の必要があれば、そこを利用すればいい。という住民の声もあって、厚生病院は無床診療所化することが決まります。

ところが、課題はまだあった。厚生病院の建物は一九六四年に全面改築されてから五〇年以上が経ち、現在の耐震基準を満たしていませんでした。建物の診察室を使って診療所化する場合でも、耐震補強工事は入院患者のいない空き室をすべて含めた建物全体が対象になります。それならば、別の場所に新たな診療所を建てたほうがいい。さらに、福祉施設やサービス付き高齢者住宅や子育て住宅もまわりにつくったらどうかというプランが持ち上がったのです。

厚生病院から三〇〇メートルほど離れたところに、中学校が移転した跡地がありました。診療所をはじめとした新しい施設は、そこにまとめてつくればいい……。

このあたりまでの計画は、僕らが関わる前から町長の頭の中に描かれていたことです。しかし、ハードをつくることはできても、ソフトがなければ、「役場が勝手にやった」という住民たちの不満の声が上がる可能性が出てきます。住民の意見を聞き、住民の暮らしを支える機能を施設に持たせ、そこで住民が主体となって活動することで、まちが元気になっていく——そんなソフトを住民たちと一緒にデザインしていくことを、町長は「風の人」である僕らに託したのです。

まちづくりの〝目利き〟

二〇一三年一〇月から三カ月かけて、僕たちは沼田町の住民へのヒアリングを行いました。住民から直接話を聞く作業は、コミュニティデザイナーが現場に入って最初にやることです。

とはいえ、現場に入る前にやっておかなければならないこともたくさんあります。欠かせないのは関連する事例のリサーチ。沼田町でやろうとしているプロジェクトと共通点のある取り組みを最低でも一〇〇は調べ上げます。場合によっては国内だけでなく、海外の事例も引っ張ってきます。ここで生きてくるのが学びのクセ。本を読むことが習慣になり、頭の中に情報が蓄積されていれば、一〇〇の事例を集める作業は苦にはならない。むしろ、「あのときに読んだ本がここで役に立ったぞ！」と、学びの成果を実感できます。

一〇〇の事例が出揃《でそろ》ったら、これはと思うものを一〇例選び、さらに深く調べて、それぞれにA4用紙三枚程度のレポートをつくります。ここまでやれば、取り組もうとしているプロジェクトとオーバーラップするものが三例くらいは必ず見つかります。その三例については、もっと詳細にデータを調べて、必要ならば現地へ行って関係者に話を聞いたりもします。

こんなふうに書くと、先例の中からアイデアを盗もうとしているように思われるかもしれませんが、僕らはデザイナーです。すでにあるものと同じものをつくるのはデザイナーのやることじゃない。「すごい！」「おもしろい！」と感じたアイデアに出会ったら、それを超えるものを創造していくのがデザイナーの力です。studio-L の事務所で打合せをしているときでも、既存の事例と大差のない意見に対しては、「生《なま》っぽい」という指摘が必ず出ます。これは「そのまますぎて創造性に欠ける」という意味で、僕らにとっては戒めの表現なのです。

膨大な事例を調べることの目的は、他にもあります。〝目利き〟という言葉を読者のみなさんも聞いたことがあるでしょう。骨董品《こっとうひん》や美術品を鑑定する人たちの間で使われる、本物と偽物を見分ける能力を指す言葉です。その力を身につけるには、たくさんの本物に触れるしかない。目利きの名人が弟子を育てるときは、とにかく本物だけを見せ続ける。本物を見続けていると、あるときポンと目の前に置かれた偽物に対して、説明のしようがない違和感を覚える。この感性は、言葉で教えることができないのだそうです。

人と人とがつながる仕組みというのも、何がいいのかは言葉で伝えにくいものです。コミュニティデザイナーは、自分の感性でつながりの仕組みを判断できる能力が必要になる。たくさんの事例を調べ上げる作業は、僕らにとっては目利きの能力を磨くトレーニングとも言えるのです。

チームで取り組む場合、プロジェクトリーダーと、リーダーから業務委託されたコミュニティデザイナーやスタッフは、リサーチした情報を共有していなければなりません。沼田町のプロジェクトは僕がリーダーで、チームを組むのは西上と山本。西上はコアメンバーで、山本はインターンでしたが、個人事業主にはベテランも新人もない。僕と西上の頭の中にある情報を、すべて自分の頭にインプットしておくのも山本の最低限の仕事。「初めてなのでわかりません、できません」などと音を上げるようでは、スタッフに上げて仕事を発注することはできない。

十分にリサーチを重ねた上で、僕らは現場に入って行きます。しかし、どんなに情報を持っていても、それはヒアリングの席で口にすることではありません。

ふるさとの人たちにとって、風の人は〝よそ者〟です。いくら町長直々のオファーがあったとしても、住民にとっては、しょせんどこかの馬の骨なのです。僕自身、これまでに二五〇を超える地域と関わりましたが、初対面からウェルカムだったところなんか一つもない。

そこから住民との関係は始まるのです。

ヒアリングでは「僕らが知らないまちのことを教えてください」というのがよそ者の基本

姿勢。とにかく聞く。ひたすら聞く。真剣に聞く。それがふるさとの人たちからよそ者が信頼される近道なのです。

沼田町のヒアリングでは、述べ人数で六六名（二九団体）の住民たちから話を聞かせてもらいました。出てきた悩みや不満や意見は、たとえば次のような内容です。

「厚生病院の診療所化に伴い、自宅での介護や看取りができるか不安」（福祉）

「時間外に診てもらえないことが心配」（医療）

「高齢になり車が運転できなくなることへの不安。移動、医療、買い物など様々なことが難しくなってしまう」（交通）

「まちの中に買い物できる場所が少なく、町外への買い出しが高齢者には負担」（買い物）

「高齢になったときに、住居の除雪の負担が大きいことが心配」（住まい）

「子どもが遊べる公園が近くにない」（子育て）

「もみ殻や稲わらを自然エネルギーとして活用できればよいと思う」（エネルギー）

この他にも、赤字の留萌本線は廃止になるのではないか？　若者は隣の町がつくった新しい公営住宅に転居してしまうのではないか？　商店街は後継者がいなくて消滅するのではないか？　まちに一軒しかないスーパーがなくなるのではないか？　等々、住民の不安は多岐に渡りました。

ヒアリングで集められた住民の声が、どんな分野に関わることなのかを整理・分類し、それぞれの項目がどう影響し合っているのかを分析します。市街地の施設や住居の配置は、かつて二万人が暮らしていた時代のものです。人口が三千数百人に減った現在の状況は、カーライルの言葉を借りれば衣装のサイズが合わなくなっている。さまざまな施設や住居の有機的な結びつきが失われたレイアウトです。

その結果、車がないとどこにも行けない、除雪などの管理コストがかさむ、行政のサービスが行き届かなくなる、生活の利便性が失われる、商店街はさびれる、雇用が生まれない、若者は町を出て行く、高齢化が進むのに医療・福祉・介護の分野で人材が育たない……。課題同士がいろいろな場面でつながっていることをチャート化したのが次ページの図。あいまいなものをかたちにして提示するのはデザイナーの力量です。課題の相関性を可視化することで、まちから元気がなくなっていく流れをつかむことができます。

負のスパイラルを解消するには、逆の流れが生まれる方法を考えます。「診療所を核に施設や住宅を中学校跡地にまとめてコンパクトなまちづくりをしたい」という町長の構想は、いわば人口のサイズに合わせて衣装を新調することです。同じ新調するなら、できるだけ長

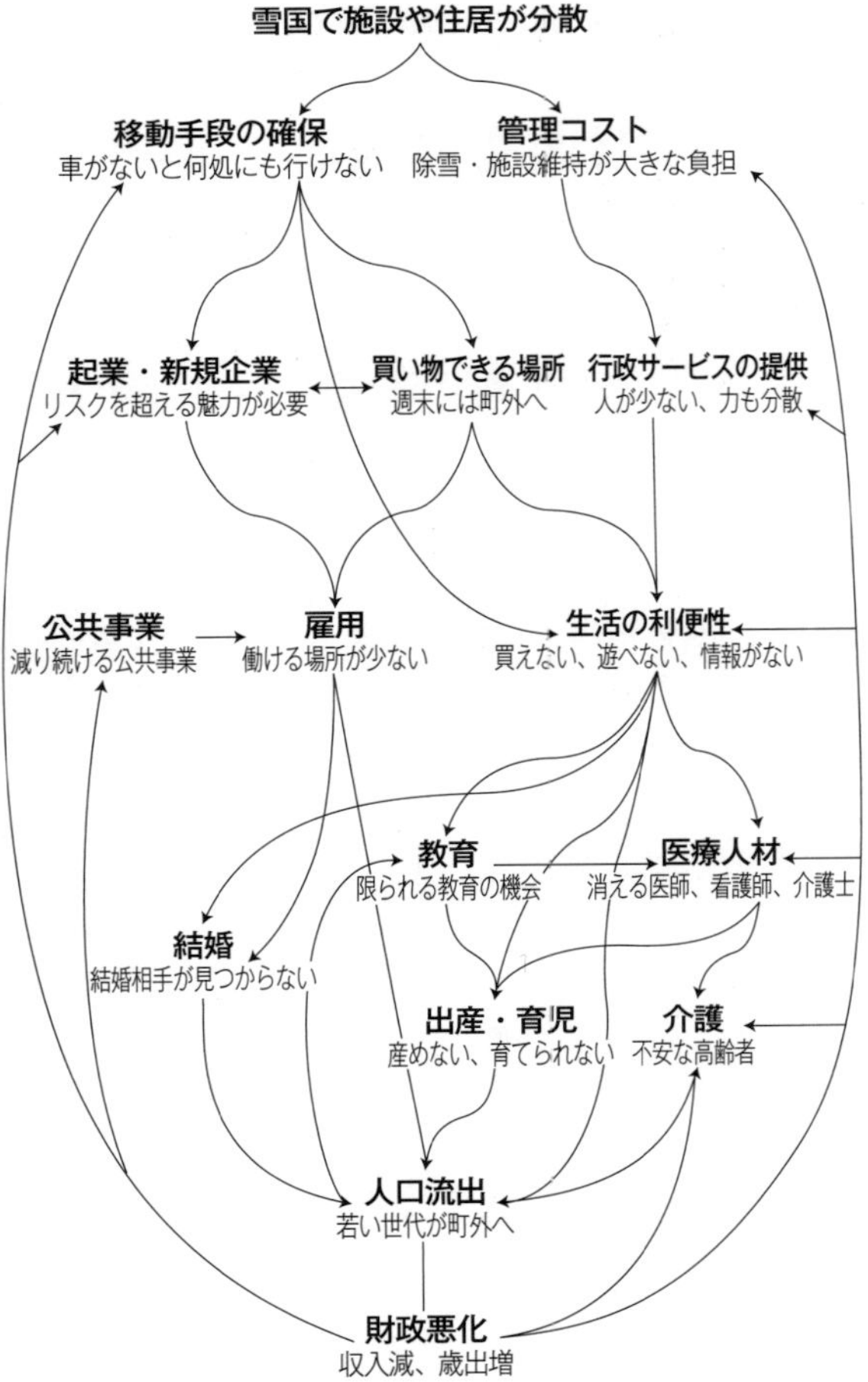

沼田町の負のスパイラル

く着続けられる衣装のほうがいい。そのためにまちに必要なものは何かを、住民たちに考えてもらうのがコミュニティデザイナーの役目になるのです。

「これから」のための勉強会

二〇一四年三月、僕らは住民説明会を開きました。ここでの一番の目的は、沼田町の人たちにふるさとの未来を考えてもらい、まちづくりへの関心を高めてもらうこと。説明会ではワークショップの手法も取り入れて、「医療と福祉」「交流と健康と趣味」「子育てと家庭」「仕事」の四つの分野で、「自分はどう生きたいか？」を考え、さらに「それを実現するための課題は何か？」を話し合ってもらいました。

自分たちの未来は、自分たちでつくる。その意識がなければ、住民主体のまちづくりはできません。が、意識だけでは足りない。意識に加えて必要なのは、知識です。

素地《そじ》となる知識が住民にないままままちづくりのワークショップをやれば、「昔、本で読んだ」とか、「昨日、テレビでやっていた」といった、借り物の意見しか出てこない。それは当然です。住民はまちの主役であっても、まちづくりに関しては素人なのです。僕だって、「この冬のカニ漁はどうしたらいいか？」なんて聞かれても、漁については素人なのですから、とんちんかんな意見しか出てこない（食べるほうは得意だけど）。

専門家になれとは言わないまでも、まちの役割についてはワークショップの前に必要な知識を住民にインプットしておいてもらわなければなりません。では、どうやって勉強してもらうか？　方法はいろいろありますが、沼田町のプロジェクトでは講師を招き、『これから塾』と名付けた住民参加型の勉強会を四回実施しました。

第一回のテーマは「健康づくりと運動・食事」、講師は旭川医科大学の住友和弘先生。北海道の僻地《へきち》医療に詳しく、森林環境を活用したまちづくりや健康法の実践者です。

第二回は「地域医療と福祉の連携」、講師は佐久総合病院の北澤彰浩先生。「農民とともに」を合言葉に、佐久総合病院で伝統的に取り組まれてきた全村健康管理や出前診療など、住民のいのちと環境を守る地域づくりの継承者です。

第三回は「住居・福祉・店舗が集まる暮らし」、講師は社会福祉法人・佛子園《ぶっしえん》の雄谷良成理事長。運営するシェア金沢という施設は、高齢者や障害者を支える医療・福祉の先進事例として、国の政策にも影響を与えています。

第四回は「地域包括ケアの取り組み」、講師はケアーズ白十字訪問介護ステーションの秋山正子所長。都内に開設した『暮らしの保健室』でも知られ、〝市ヶ谷のマザー・テレサ〟

とも呼ばれている看護の分野では神様みたいな人です。

『これから塾』は、あえて町外の人も参加できるようにしました。いずれの講師も、講演会や講習会を催せば会場が満員になる専門家です。案の定、毎回の勉強会には町外の人も集まりました。中には車で四時間かけて駆けつける人もいたくらいですから、沼田町の住民たちも、「それほどスゴイ先生が私たちのために話をしに来てくれるのか！」と、聴講の姿勢にも真剣さが増します。

六〇分間の講義の後には、講師の先生を囲んだ六〇分間の意見交換会。ですが、僕は住民たちに「自分の意見は言わないでください、その代わり質問はどんどんしてください」と、事前に伝えておきました。『これから塾』の目的は知識のインプットであり、まだ意見のアウトプットの段階ではないからです。

ここでも、陰《かげ》の功労者になってくれたのは町外からの参加者です。わざわざ遠くから来た人は、「こんな機会は滅多にないぞ」と、講師に次から次へと質問を浴びせます。その光景を見た住民たちも、「沼田町のために来てくれた先生に、町民の私たちが質問もできないようでは恥ずかしいじゃないの！」と、質疑応答の輪にどんどん入ってくるようになります。

全四回の『これから塾』の内容は、『まちのこれから通信』というニュースレターにまとめて、参加できなかった住民にも情報が共有できるようにしました。こういった資料を、見やすく、わかりやすく、おもしろくまとめるのもコミュニティデザイナーの大事な役割。これを担当したのは、四月にインターンからスタッフに上がった山本でした。

『これから塾』に参加した住民の感想を元に山本がつくった、こんなイラストもあります（次ページ下）。花は高齢者、根っこは地域のつながりを表しています。花が元気なときは、地域のいろいろな人たちとつながっている。元気がなくなってきたらどうするか？　根を切ってビーカーに移し替えられた右上の花は、入院している状態です。どんなに水をやっても、根のない花は養分を十分に吸収できない。一方、右下は根を残したまま在宅で医療を受けている状態。地域とつながったままの環境で、医者や看護師のほうが動けば、自宅が病室の役目を果たし、地域そのものが大きな病院になる。

入院すると、医師の診察に対して「なんで一日一回しか診てくれないんだ」という不満を抱くけれど、在宅だと週に一度の往診でも「わざわざ来てくれた」と感謝の気持ちが湧いてくる。これは、『これから塾』に参加した高齢者の声です。高齢者の病気には、糖尿病や高血圧といった完治しないものが圧倒的に多い。生涯つき合っていかなければならない病気なら、ストレスを感じる入院よりも、在宅で医療を受けられたほうが満足度は高いのです。

『これから塾』の様子

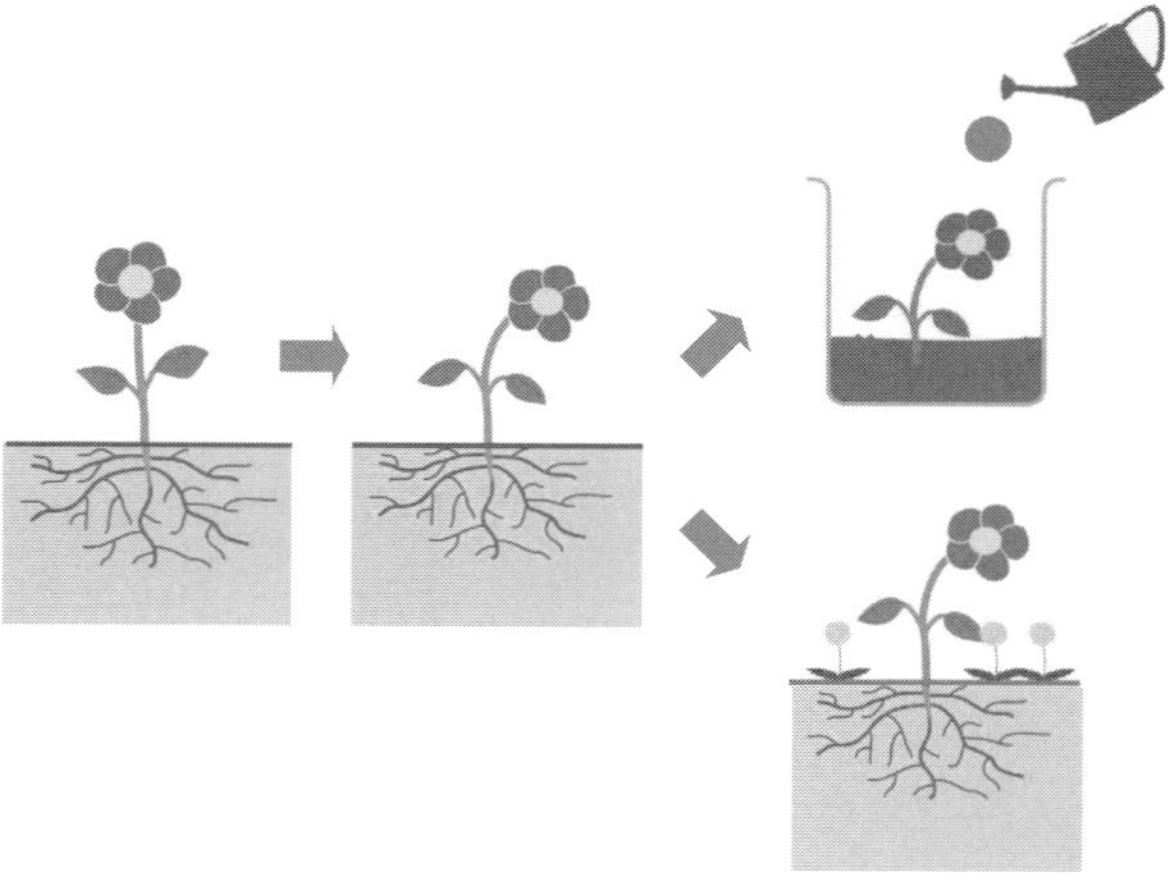

参加住民の感想を元につくった「花の図」

新設するクリニックの近くには住宅を含む複合施設がつくられます。市街地に住んでいた高齢者がそこに移れば、空き家ができます。空き家をリノベーションして、郊外から新規就農や起業を考える若者を呼び込んで提供する。沼田町は素晴らしい農産物が採れる地域なのだから、加工・流通・販売まで行う六次産業化の事業も期待できます。すでに沼田町には、地元ブランドの超濃厚な完熟トマトジュースをヒットさせた実績もある。こうしてまちがコンパクトになれば、地域のエネルギーをバイオマスで自給することも不可能ではない。それが住民の声を集約して描かれたまちの未来像なのです。

コンパクトなまちづくりは、一五年くらい前から各地の自治体で取り組まれてきました。が、モデルケースになるような事例は、なかなか出てこない。まちを小さくするためには、外側にいる住民が内側に転居しなければなりません。そのプランには、先祖代々の土地を手放したくないという人たちの反発が必ず起こるからです。

ところが、沼田町には「自分たちのふるさとの未来のためなら動いてもいい」という人がたくさんいる。北海道民の多くは、明治維新後に移り住んだ人たちの子孫です。土地への執着は本州の人ほど強くない。条件のいい土地に移り住むことを、肯定的に考えられる気質があるのです。

加えて、沼田町の人たちは真面目《まじめ》です。説明会をやれば僕らの話をしっかり聞いてくれるし、宿題を出せばきちんとやってきてくれる。「これから塾」でも、事前に講師の本を読んで、自主的に予習してくる住民が何人もいました。これは、自分のふるさとに対する覚悟を住民たちが持っていることの表れだと感じます。

沼田町なら、これからの日本のふるさとにとってモデルケースとなるコンパクトなまちづくりが実現できるかもしれない――プロジェクトを進めながら、そんな思いが僕の心の中ではどんどん大きくなってきています。

当事者が客席にいてはならない

住民を対象としたヒアリング、説明会、勉強会と平行して、沼田町のプロジェクトでは役場の職員ワークショップも行いました。少し偉そうな言い方になりますが、職員たちにも課題に対する先進事例などを勉強してもらうためです。

この二本立てのやり方は、広島県福山《ふくやま》市の駅前商店街の再生に取り組んだ『福山市中心市街地賑わい創出活動支援事業』（二〇一二年～）や、愛知県長久手《ながくて》市で次世代のまちづくりの担い手を発掘・育成する『長久手市住民プロジェクト推進事業』（二〇一三年～）でも試み、手応えを感じることができたコミュニティデザインの新しい手法とも言えます。

僕に直接オファーをくれた町長は、沼田町出身で、東京の大学を卒業後、沼田町の職員として地域のために尽力してきた人です。まちの生き字引みたいな存在で、先見性も持ち合わせた人なのですが、町長の行政手腕が突出していることが職員たちに安心感を与えてしまっていると僕は感じたのです。

「町長に任せていれば大丈夫」と思えば、町の未来に対する職員たちの危機感は薄れてしまう。僕らが職員に求めるのは、一人一人がプロジェクトを前に進めていく役割を担っているという自覚なのです。それを形成するのが職員ワークショップの目的。勉強会で知識や情報をインプットしてもらった職員には、続けて施設関係者（医師や看護師、福祉関係者、農協、商工会など）との連携をより深めてもらうための「多職種連携ワークショップ」に参加してもらいました。

ここでのキーマンになるのは、コンパクトタウンの核となる診療所の医師です。厚生病院は四月に無床診療所化され、『沼田厚生クリニック』と名称を変えて運営していました。僕らはクリニックの医師にワークショップへの協力をお願いし、参加してくれることになったのは当時副院長だった鳥本勝司先生（現院長）。ですが、ワークショップのアンケート用紙にある「参加した理由」の欄に、鳥本先生はこう書いたのです。

「要請のため」

頼まれて仕方なく引き受けた、という鳥本先生の正直な気持ちがありありと伝わってきます。当然でしょう。これまでも医師として地域を支えてきたのですから、「まちのために力になってください」という僕らの依頼は、「よそ者が何をいまさら」と感じたに違いありません。

その鳥本先生が、じつはプロジェクトの大きな推進力になってくれます。職員とのワークショップでは、つまらなそうな表情を見せていた鳥本先生を、僕らは「これから塾」に引っ張り出しました。住民たちと一緒に客席から講師の話を聴いていた鳥本先生は、たぶん、こう感じたのではないでしょうか。

「自分は客席に座って聴いている立場じゃないぞ」

講師たちと同じく、鳥本先生も医療の専門家です。しかも、沼田町のことなら四人の講師よりも詳しいのです。

全四回の『これから塾』が終了した後、八月からは『つながる塾』が始まります。住民と職員の二本柱で行っていたワークショップは、ここで一つに合流します。それまで住民たちには意見を言うことを我慢してもらっていましたが、『つながる塾』は思っていることをどんどんアウトプットする場です。

ワークショップの参加者からどんな意見が出てくるか。そこはファシリテーターの力量が問われます。ファシリテーターは調整役や進行役とも訳されますが、盛り上げ役といったほうがわかりやすいかもしれません。いかにして前向きな意見を出してもらい、それを発展させていくことができるか。住民同士の対話は、〝Yes, and〟がルールです。相手の意見を否定しないで〝yes〟で受け止め、さらに自分の意見を加えて〝and〟で返す。そのキャッチボールを繰り返しながら、出てきた意見をどんどん前に進めていくのがワークショップの狙いです。

ファシリテーターを務めるのはコミュニティデザイナーですが、『つながる塾』では参加する役場の職員にも僕らと一緒にその役割を担ってもらいます。事前に職員ワークショップを実施した理由の一つもそこにありました。職員にファシリテーションのスキルがあれば、僕らがいないときでもワークショップ形式の会合を開いて、いつでも住民の意見を吸い上げることができる。これも、いずれ地域が「自走」するための準備なのです。

「つながる」ためのワークショップ

第一回の『つながる塾』では、医療・福祉・住宅・交流・商業の五つのテーマで参加者をチーム分けしました。各チームは住民と職員の混成です。最初にやるのはテーブルワーク。沼田町の地図を広げ、「高齢者の独居世帯」や「空き家」などの場所に色を塗っていきます。このワークには、まちの現状を把握することと同時に、共同作業によってチームの連帯感を高める意図があります。

作業が終了したら、「二〇年後のまちの課題と理想」についてディスカッション。それまで言わずに我慢していた住民たちの意見が、一気に出てくる瞬間です。どのチームのテーブルも、盛り上げ役が必要ないくらい盛り上がります。そんな会場で、思いがけない光景を僕は目にします。医療チームのテーブルを見ると、あの鳥本先生を中心に住民たちが意見を取り交わしていたのです。

各チームで話し合った内容は、ワークショップの最後に順番に発表します。そのときにチーム名も考えてもらうのですが、鳥本先生のチームには、こんな名前が付けられていました。

「Dr.とりもと♡とゆかいななかまたち」

なんと、鳥本先生の名前の下に♡マーク！　これを見て、妙案が浮かびました。第二回の

『つながる塾』は、クリニックが移転する中学校跡地にどんな施設をつくるのかを話し合うワークショップですが、そこに勉強会を組み込むことにしたのです。講師はもちろん鳥本先生。「クリニックの現状と役割」についてレクチャーしてもらえれば、話し合いもより具体的に進められるに違いない。

第二回の『つながる塾』の冒頭、僕がインタビューするスタイルで鳥本先生の話がはじまりました。

「私はもともと在宅医療をやっていた医師です。沼田町のこれからのことを考えると、在宅医療や訪問診療は避けては通れないと思います。クリニックの建物の中だけでできることは限られています。地域へ出て、介護や在宅や看取りまでを含めて、医師として携わっていくことが必要ではないかと私は感じていますし、それができるだけの体制がクリニックには整っています」

鳥本先生じゃなければ言えない意見ですが、要請されて仕方なく参加したときのワークショップなら、こんな言葉は聞けなかったでしょう。主役は舞台に上がってこそ力を発揮するもの。客席にいてはいけないのです。

鳥本先生の話に続いて行ったテーブルワークでは、中学校跡地にどんな施設をつくるかを検討しました。住民が欲しいと思っている施設を片っ端から並べてしまうと、「敷地に収まらない」「予算が足りない」という理由で否定することになりかねません。実現可能なプランを出してもらうには、敷地と予算という制約の中で、いかに〝楽しく〟まちづくりを考えるかという遊び心も必要です。

僕らがシミュレーションのために準備したのは、仮想通貨です。単位は沼田町の農産物にちなんで「トマト」。さらに、建築模型の材料に使うスタイロフォーム（発泡プラスチック）をいろいろな大きさに切り分けて用意します。大きさは面積と金額を表し、施設の用途に合わせて色を塗ります。こういった小道具の製作も僕らの仕事。このときは山本が徹夜で作業しました。

ワークでは、各チームがつくりたい施設を検討し、規模や建築費用を算出したら、ちょうどいい大きさのスタイロフォーム片に「共同店舗・一二〇〇万トマト（五〇平方メートル）」などと書いた旗を立てて、中学校跡地の地図上に並べていきます。

「クリニックと高齢者住宅はもっと近いほうがいい」

「共同浴場があれば住民同士の交流にもなる」

「居酒屋は跡地の中に必要なの？」

このワークはいつも白熱します。テーブルの上にあった飲み物やお菓子は、いつの間にか床の隅《すみ》に置かれています。敷地と予算という制約も、参加者たちは自ら計算しながらクリアしていきます。

「横に置いたら敷地からはみ出る」

「だったら上に積み重ねてビルにすればいい」

「ダメダメ、それ以上高くすると五億トマトを超えて予算オーバーになる！」

シミュレーションを通して、住民たちは「欲しい施設」の中から「必要な施設」を選び出していくことになります。どんな施設が必要なのかは、膨大な事例をリサーチしている僕らにも導き出すことはできます。しかし、大事なことは結果をみんなで見つけていくプロセス。自分たちでまちの未来をつくる意識と、そのための知識とが住民にあれば、シミュレーションで突拍子もない結果が出てくることはないのです。

自走への第一歩

第二回の『つながる塾』で中学校跡の計画地に集積する施設の案が示されました。各チームがつくった配置計画を一本化し、イメージの共有を図るのが第三回の『つながる塾』での

『つながる塾』のワークショップの様子
敷地内に模型を並べながら配置を検討している

ワークショップです。

医療施設、福祉施設、交流施設、商業施設、住宅やグループホーム、そして屋外空間について、どんなイメージがふさわしいのか？　それをチームごとに考えます。イメージを言葉だけで伝えるのは簡単ではありません。そこで僕らは、各施設の外観や室内を想定できる数パターンの写真を使った一〇〇枚以上のカードを用意します。

「福祉施設の室内はアットホームな雰囲気がいいよね」

そう思ったチームは、木目調の温かいイメージのカードを選んで地図上に置きます。

「商業施設はモダンな外観のほうが若者も利用すると思う」

と考えたチームは、コンクリートの直線的でクールなイメージのカードを選びます。

意見が出揃ったら、それぞれの施設にどのカードがいくつのチームから選ばれたのかを集計します。この手法は、選挙にも似ています。各施設はまちを発展させていくための要職で、僕らが用意したカードは候補者イメージ。一枚一枚に個性や印象の違いが提示されていて、その中からもっともふさわしいと思った候補に住民たちが一票を投じるわけです。

さらに、複合施設が完成した計画地で、どんな活動をしたいのかという意見をとりまとめます。これまでのワークショップで出てきた二〇〇近い意見や提案を一つももらすことなくリスト化し、「まち全体で解決すること」「計画地で解決すること」「各施設で解決すること」に分類します。

たとえば、「ＩＴを利用した遠隔地医療」「デマンドタクシーの運行」といった意見は、インフラとして「まち全体」で取り組む課題になります。

「冬季の間も使える（行きたくなる）場所」「自然エネルギーを利用したエコ施設」といった意見は、「計画地」の特色として考える課題です。

そして、「各施設」ごとに対処する意見は、次のようなものです。

商業・交流施設

・野菜づくりや食材加工の体験ができる
・就労や起業に必要なスキルが学べる
・住民を含めた緊急時の避難ができる、等

医療施設

・健康相談ができる高齢者のお茶のみサロン
・住民への健康や医療の教育がある、等

福祉施設

・施設入居者と家族が一緒に泊まれる場所がある
・診療所と福祉施設は雨に濡れずに車から入口へ、等

住宅

・高齢者と子育て層が交流できる住まい
・除雪の負担が少ない高齢者の住まい、等

こうして中学校跡地につくられる複合施設の基本計画が固まっていきます。住民、行政職

員、施設関係者が一体となってつくりあげた計画です。

他人から与えられた計画なら、困難な状況に直面すれば不平や不満も出てきます。でも、自分たちで決めた結果には責任感が伴います。困難に遭遇しても、沼田町の住民たちには、みんなで力を合わせて解決していくための意識や知識や力が、すでに育ち始めているはずです。コミュニティデザインという〝風の人〟の仕事が、解決策を提示するのではなく、解決のためのソフトを地域の人たちと一緒に考えていくことだという意味が、読者のみなさんにも理解できるのではないでしょうか。

スタッフとして初めてプロジェクトに関わったstudio-Lの山本にとっても、沼田町でのワークショップはコミュニティデザインの意義を知る機会になったようです。

「設計の仕事をしていたときは、じつはワークショップに対してあまりいいイメージはなかったんです。いろんな人の意見を入れれば入れるほど、コンセプトがあいまいになって、いいものではなくなると教育されるのが建築の世界です。ところが、コミュニティデザインのワークショップは正反対で、いろんな意見を取り入れながら、みんなが共感できるかたちができあがっていった。しかも、デザインに妥協するわけではなく、むしろデザインする力でまとまっていく。これまで自分が正しいと思ってきたやり方を持ち込まずに、一からコミュ

ニティデザインを学べというアドバイスの意味は、こういうことだったのかと納得できました」（山本）

『つながる塾』は全五回で実施しました。第四回は前半を勉強会とし、まちが元気になるために取り組まれた住民の活動を先進事例から学びます。僕らが紹介したのは、沼田町と人口規模や高齢化率が近い隠岐諸島の海士町の事例。

studio-Lが海士町のプロジェクトに取り組んだとき、コミュニティデザイナーの西上は二年間、現地に住み込んでまちづくりをサポートしました。「風の人」は一定期間、地域にとどまって働くケースもあります。その体験を踏まえて、海士町の住民たちがどんな活動を展開し、どんなふうにまちが元気を取り戻していったのかを、西上が沼田町の人たちにレクチャーしました。

続くテーブルワークでは、活動を「暮らしの保健室づくり」「カフェ・食堂づくり」「共同店舗づくり」「学びの場づくり」「空き家・空き店舗活用」「広場づくり」「スマホ・iPadチャレンジ」の七種に分け、チームを編成します。そして、「五年後に実現したいこと」「三年後に実現したいこと」「今年度から始めておくべきこと」を話し合いました。

まちづくりは、ハードをつくってからソフトを考えていたのでは間に合わない。新しい複合施設ができる前に、住民の活動を軌道に乗せておくことが、プロジェクトを前に進めていくための不可欠な条件になります。

第五回の『つながる塾』では、前半でプレゼンテーションについて学んでもらいました。三〇〇〇人を超える住民の一人一人に、僕らがプロジェクトへの参加を呼びかけてまわることはできません。その役目を担うのもまた住民なのです。ワークショップを体験した人たちは、まちにとってコミュニティデザインの実践者です。チームの活動を他の住民たちに伝える技術も必要になってきます。

後半の話し合いでは、七つのチームに「実現したい企画」を発表してもらいました。それぞれのアイデアに対して、僕らがジャッジを下すことはありません。僕らの役目は、全国で取り組まれている似たような事例を提示して、実現に必要なヒントを探ってもらうことです。

たとえば、カフェ・食堂づくりチームからは、「パンやカレーなどテーマを絞って試験的に販売したり、住民が家庭でつくっているものを集める」というアイデアが出ました。これに対して、僕らは広島県福山市の主婦たちが始めた「パンのマルシェ」の事例を紹介します。プロ・アマを問わず、つくったパンを持ち寄って販売するスタイルで、商店街のブースは誰でも一回五〇〇円で利用でき、いまではパンづくりの腕自慢たちのチャレンジの場になっているケースです。

学びの場づくりチームは、「世の中の最先端の仕事についての勉強会」というアイデアを考えました。僕らが提示したのは、海士町の『夢ゼミ』。これは学ぶ意味を発見し、社会で必要な力を身につける町営塾。大人が子どもに自分の仕事について語ったり、将来の夢についてグループディスカッションが行われたりしています。

空き家・空き店舗活用チームのアイデアは、「体験型の短期滞在の場をつくる」というもの。テーマは町外からの移住支援です。この事例は各地のふるさとにあります。福岡県上毛《こうげ》町《まち》には、空き家をワーキングステイ体験者の共用スペースに改修する『みらいのシカケ』という取り組みがあるし、北海道でもバイオマスタウンで有名な下川町《しもかわちょう》が『エコセミナーハウス』をつくっています。本書の〝土の人〟のところに登場する徳島県神山町にも『お試しハウス』などの体験住宅がある。先駆的な事例を学ぶことで、自分たちがこれからやろうとしている活動への余計な不安も払拭されるはずです――。

沼田町のプロジェクトにおけるコミュニティデザインの中身を、ここまで振り返ってみました。二〇一五年になって、各ワーキングチームはさっそく行動を起こしています。

暮らしの保健室づくりチームは、旧厚生病院の空いている部屋を利用して、地域医療カフェ『あったまーる』を立ち上げました。そこは、医療関係者と住民たちとの交流の場。診察室では聞けないようなことも、カフェではコーヒーを飲みながら気軽に医師に質問することができます。ランチタイムには、鳥本先生がミニ講座を開いてくれることも！

そして、まちに関わる僕らの中にも、頼もしい行動を起こした者がいます。一年間、プロジェクトに関わってきた山本が、二年目から沼田町に移り住むことを決めたのです。

「何度も通っているうちに魅力をいっぱい感じて、住んでみたくなったんです。沼田町は妻の出身地ですから、東京から引っ越すことにも抵抗はそれほどありませんでした。むしろ移住したほうが、沼田町のまちづくりにもどっぷり関われると思った。二年目は他のプロジェクトにも四、五件は関わりますが、沼田町に studio-L の仲間が集まったり、住民が自由に使えるような場所をつくって、そこを拠点に全国を飛び回りたいと思っています」（山本）

〝働き方〟を自分自身でデザインする——それも「風の人」には必要なスキルであり、楽しみでもあるのです。

土の人

楽しさ自給率を高めよう

日本の総人口は減っています。数だけで見れば、「拡大」から「縮小」に転じたことになります。この流れは止めることができません。

定住人口が減るなら、交流人口を増やそうという考え方があります。多くの中山間離島地域では、観光客を呼び集めたり、都市部の会社の機能を移転して労働人口を獲得することに苦慮しています。でも、人の数でまちを活性化しようとする発想は、もう持たなくてもいいのではないだろうか？　人口規模は縮小しながらも、まちの営みは充実していく――いわば〝縮充《しゆくじゆう》〟という未来を、日本のふるさとは描くことができると僕は思っています。

そのときにカギを握るのが「活動人口」です。これは辞書には載っていない造語。働いている人の数を指す「経済活動人口」という用語があるけれど、それとは違います。活動人口とは、「地域が元気になるための活動に参加している人の数」と考えてみてください。

たとえば、現在の人口が一万人のまちが、二〇年後には八〇〇〇人に減るとします。数の上では二割の縮小です。しかし、定住人口が減っていく過程でも、活動人口を増やしていくことは可能なはずです。

一万人で活動人口が一〇〇〇人のまちが、二〇年後に八〇〇〇人で二〇〇〇人の活動人口がいるまちになったとします。一〇人中一人がまちのために活動している地域と、四人に一人がまちのために活動している地域。どちらが魅力あるまちづくりを実践できるかは、説明不要でしょう。

まちに関わるということは、暮らしている地域への愛情があることです。ここが交流人口との大きな差。観光客はまちから何かを得るために一時的に訪れるのであって、まちの暮らしをよくするのが目的ではありません。お客さんですから、まちでお金を使い、まちの税収は増えるかもしれませんが、すでに述べてきた通り、行政だけにまちづくりを任せておく時代ではなくなっているのです。

福祉や教育も含めて、これからのまちづくりには住民の参加が不可欠です。僕は内閣府の『国・行政のあり方に関する懇談会』のメンバーにもなっていますが、そこでの議論でも「参加なくして未来なし」が重要なキーワードになっています。

では、どうすれば活動人口を増やして参加型社会を構築していくことができるのか？　僕がみなさんに伝えたいもう一つのキーワードは、「楽しさなくして参加なし」です。

まちのための活動というと、ボランティアを連想する人も多いかと思います。とても大切で意義のある活動です。しかし、ボランティアという言葉は「奉仕活動」と訳されることが多い。経験したことがある人は充実感を味わったと思いますが、「奉仕」という言葉は自己犠牲の精神に支えられている印象が強くて、「楽しさ」のニュアンスがあまり伝わってこない。

いま、各地のふるさとでは地元で採れた食材を地元で消費する地産地消の取り組みや、地域で使う電力を地域の中でつくり出す試みが盛んに行われています。食料自給率やエネルギー自給率を高めようという施策です。僕が気になるのは、こういったふるさとの未来のための活動に、みんなが笑顔で参加しているのかということ。ボランタリーという言葉は「自由意志による」という意味です。嫌々やっていたり、無理をして関わっていたりするのだとしたら、その活動を通して地域への深い愛情はなかなか育まれないように思います。

〝楽しさ自給率〟

そんな指標を、これからの僕らは考えてみてもいい。参加することでみんなが楽しいと感じられる具体的な取り組みが、住民の中からどんどん生まれてくる土壌があれば、ふるさとの活動人口は自ずと増えていくに違いありません。

かつての日本には、その土壌がありました。どこのまちにも「道普請《みちぶしん》」という言葉があった。みんなが使う生活道路を整備したり、拡張したりする作業のことです。これは原則として住民参加。「一〇日後にやるぞ」と寄合いで決まれば、よほどの理由がない限り「ウチは参加しません」という家はなかった。地域住民が総出で汗を流したのです。

ちっとも楽しそうじゃない、と思う人もいるかもしれませんが、昔の日本人は楽しさを生み出す知恵に長けていました。「道普請」は一種のイベントなのです。作業を終えて日が暮れたら、慰労の宴会が待っています。普段は口にしないようなごちそうが腹一杯食べられるし、おかみさんに気兼ねをすることなく酒が飲める。おかみさんたちにとっても、宴会の支度は自慢料理を教え合ったり、みんなにグチを聞いてもらったりできる社交の場でした。

まちのためにいいことをしたという充実感が得られ、なおかつ楽しさがセットになっている。「道普請」に見られるように、日本のふるさとには住民たちが楽しみながら地域の暮らしを豊かにしていく活動があったのです。江戸時代は、食糧自給率もエネルギー自給率もほぼ一〇〇パーセントでした。その数字に少しでも近づこうとするのであれば、僕らは〝楽しさ自給率〟も一緒に高めていかなければならないと思うのです。

いつの間にか日本人は、楽しさを生み出す力が弱くなってしまったような気がします。税金と引き替えに受ける行政のサービスがいたれりつくせりになっただけでなく、遊びや買い物までもがお金を払って誰かに楽しませてもらう社会になっている。テーマパークやショッピングセンター、テレビ、ゲーム、カラオケ……。そこで得られるのは与えてもらった満足感で、楽しさを自給しているとは言い難い。

必要なのは、自分が暮らしているまちの魅力を探り、人と人とのつながりの中でみんなが共有できる楽しさを創造していく力です。そこから得られる楽しさが、まちの人たちから感謝されたり、地域のためになることとセットになれば、活動人口は増えて日本人の楽しさ自給率も高まっていくと僕は思います。

それは難しいことじゃない。実際に、自分が楽しむことと、みんなが楽しくなることと、まちが元気になることとを、働き方の中で実践している人は日本中のふるさとにいます。それが「土の人」たちです。

僕がコミュニティデザイナーになるよりもずっと前から、ふるさとを元気にする活動に取り組んでいる「土の人」はたくさんいます。また、この一〇年の間にも、ふるさとで新たな活動をスタートさせる若い「土の人」たちがどんどん出てきています。

二〇一一年の秋から、京都造形芸術大学と東北芸術工科大学が企画した新型アートカレッジ・東京芸術学舎で、地域社会を元気にする活動について学ぶ公開プログラムの講師を僕は務めました。八期に渡って開催された講座のタイトルは『ふるさとという最前線』。ここでも、日本全国のふるさとで活動する若い「土の人」たちをゲストに招き、楽しく働く現場の様子を語ってもらいました。

ここからは、僕がいままでに出会った「土の人」の活動を紹介します。こんなに素敵な働き方がある、こんなに素晴らしい生き方があるということを、みなさんも〝土の人〟たちの声から感じ取れるに違いないと思います。

目指したのは創造的過疎

かつては林業で栄えた神山町は、徳島県の北東部にある中山間地域。主要産業の衰退とともに人口は減り、過疎化が一気に進みました。全国的に知られた観光スポットがあるわけでもなく、外から入ってくる人もいない。元気を失ったふるさとの典型ともいえるような地域でした。

その神山町が、一躍有名になったのは二〇一一年のことです。まちから出て行く人の数（一三九人）を、新たにまちに入ってきた人の数（一五一人）が上回ったのです。人口六〇〇〇人規模の中山間離島地域で、社会動態人口（転入者―転出者）がプラスになるのは希有《けう》なケース。この出来事を、地方自治の専門家たちは「神山の奇跡」と呼びました。

神山町を代表する〝土の人〟は、大南信也さんです。大南さんとの出会いは二〇一一年頃、その後も講演会などで同席する機会が何度かありましたが、この本を書くために久しぶりに再会。僕が〝土の人〟の質問をすると、大南さんは「もともと本業は土木やからなぁ」と言って笑いながら話を聞かせてくれました。

NPO法人『グリーンバレー』理事長として紹介されることが、いまの大南さんは圧倒的に多い。「日本の田舎《いなか》をステキに変える！」というミッションを掲げて、「神山町国際交流協会」を設立したのが一九九二年（二〇〇四年にNPO法人グリーンバレーに改組）。道路の一定区間を行政に代わって住民が清掃する『アドプト・プログラム』を日本で最初に実施したり、国内外のアーティストを呼んでまちをアトリエとして使ってもらう『神山アーティスト・イン・レジデンス』といった活動に取り組んできました。

「田舎から都会の美術館に行くのはお金も時間もかかる。それなら芸術家を田舎に呼べばいい。そのほうが僕らも作品を見るだけでなく、創作の過程まで見ることができると思ったわけやね」（大南さん）

楽しさを自給するとは、まさにこういうことです。訪れたアーティストの中には、神山の環境が気に入って住み着く人も出てきます。まちには空き家がたくさんある。住民にとってはただの「古い家」でも、都会生活者には「素敵な古民家」と感じる人もいる。行政からの委託を受けてアーティストに住居の世話をしてきたグリーンバレーの活動は、Iターン者を受け入れる神山町ならではのノウハウにもなっていきます。

移住者を広く募る施策は多くの地方自治体で取り組まれています。しかし、大南さんが考えたのは、あえて門戸《もんこ》を狭くすることでした。まちに足りないもの、まちを元気にしてくれるものは何か？ 仕事と若者です。その二つの条件に合った人を移住者として逆指名するのが「ワーク・イン・レジデンス」という制度。若い職人や自営業者や起業家を集めることで、活動人口を増やそうという考え方です。

活気を失った商店街も、たとえばパン屋さんやカフェや歯医者さんなど、住民が「あったらいいな」と望んでいる店を出せる人を誘致する。移住者と空き店舗とのマッチングによって、まちに必要な商店街をコストをかけずにデザインしていくことが可能になります。

さらに、神山町の未来に大きな影響を与えたのがIT環境でした。山に囲まれ斜面が多い地形の神山町は電波事情が悪く、かつては放送の難視聴地域でしたが、二〇〇五年には町内全戸に光ファイバーが敷設されます。人口が多い都市部よりも一〇倍は速い快適なブロード

神山町の「縁側オフィス」

バンド環境は、ＩＴ系企業にとって大きなメリットになります。
二〇一〇年にはクラウド名刺管理サービス事業を行うSansanが神山ラボを開設。二〇一三年にはウェブデザイン会社のキネトスコープや、メタデータ（番組詳細情報）の開発・運用を手掛けるプラットイーズが古民家を改修してサテライトオフィスを立ち上げました。現在では一〇社を超えるＩＴベンチャー企業がオフィスをつくり、グーグルやヤフーといった大手のＩＴ企業の社員も神山町の環境を利用するために都市部から足を運んできます。「ＩＴ企業の聖地」と呼ばれるようになった神山町のまちづくりは、中山間離島地域にサテライトオフィスを誘致して雇用（＝労働人口）の創出を掲げる国の政策にとって、モデルケースともいわれています。

でも、大南さんは神山町の人口を増やそうとして活動してきたわけではありませんでした。

「考えているのは〝創造的過疎〟やね。過疎の問題を数で論じるのではなく、内容に注目をする。若い人を増やして、人口構成を健全化していくことを僕らは最初から考えていたんです」(大南さん)

都市部の会社を定年退職し、老後は夫婦で田舎暮らしをしようと考える人たちもいます。それも素敵な人生です。しかし、そういう人たちばかりが移住してきたら、子どもは増えずに高齢化率ばかりが高くなり、地域の若者一人当たりの負担も大きくなる。

大南さんが言う〝創造的過疎〟は、僕が考えている〝縮充〟と同じ発想だと感じます。

「ITベンチャー企業の誘致で上手くいったと神山はよぅ言われるけど、中山間地の本丸は第一次産業です。神山も農林業の再興なしに未来はない。多くの市町村は、いきなり本丸から攻めていきますが、僕らは違った。神山がやってきたのは〝人材誘致〟なんですよ。神山で生まれ育った人間は、もう農林業ではダメだということを子どもの頃から刷り込まれとるから、最初から限界の線を引いてしまう。だけど衰退の歴史を知らない外から来た若い人たちなら、限界の線を引かずに、真っ直ぐに神山と向き合うことができる。その人らが、ポロッとつぶやく言葉が、中山間地の農林業にもいつかブレイクスルーを起こすと思っているんです。たとえば、神山の人間が昔から食べていたものを、移住してきた人たちが『オーガニックフードだ！』と言ってありがたがってくれたりする。そういうつぶやきを僕らは待っとるわけですよ」（大南さん）

「NPOは僕の趣味やね」

大南さんは一九五三年生まれ。「もともと本業は土木」という実家は土木建設会社。東京の大学で土木を学んだ後、スタンフォード大学に留学し、二年間で「建設材料学」と「建設系経営工学」の修士号を取得します。

「優秀でも何でものぅて、パーティを企画してヤキトリ焼いたり、そんなことばかりしとった（笑）」（大南さん）

帰国して父親の会社に就職。後継者として神山町で働くこと以外の選択肢は、大南さんの頭の中にはなかったと言います。だからこそ、家業を継ぐ前に外に出て勉強したかったというのが留学の動機でもありました。

神山町のために、自分の会社にできることはたくさんあった。かつての「道普請」も、現在では土木建築会社の仕事です。大南さんの会社は公共工事を請け負い、都市部とつながる道路もつくりました。ところが、新しい道路が招いたのはストロー現象でした。都市部とのアクセスがよくなったことで、神山町から出て行く若者の数が増え、過疎化に拍車がかかってしまったのです。

こういった経験も、大南さんがあらゆる可能性を模索しながらふるさとの未来を考えるきっかけの一つでした。

「行政は目標を立てると、そこに計画という名の一本の線を引く。僕らは一〇〇本の線を引いて、変化の中でシフトしながら、あみだくじみたいに目標に向かっているんです。外の人から見たら、なんや、ブレまくりやないかと思われるけど（笑）、さまざまな状況に柔軟に対応できれば、新たな道も現れてくると感じています」（大南さん）

僕も兵庫県庁の研究員（Ｈｅｍ21）を五年半やったことがあるので、よくわかります。行政の計画は、何度も議論を重ねて慎重に策定されます。それでも状況が変わることは多々ある。個人の人生ならあらためてバックキャスティングすればいいけれど、行政の計画は途中で引き返すことがなかなかできません。予定通りに行かなくなったのに、予定通りに前に進めなければならない作業というのは、苦しいばかりで楽しくない。

「ＮＰＯの活動は町民から頼まれたものやない。趣味やね」

と、大南さんは言います。グリーンバレーのメンバーには、気心の知れた地元の有志が何人もいます。大南さんたちの活動は、まさに仲間と一緒に楽しさを自給していると言っていいでしょう。

そんな大南さんの「土の人」の活動には、アメリカ留学時代の経験が間違いなく生きていると僕が感じたのは、このエピソードを聞いたからです。

「建設経営の勉強をしていたときにダムの工事現場を見に行ったんです。そこでプロジェクトのマネージャーから、排気の問題で工事が予定通りにいかなくなったことがあったと聞かされた。どうやったら解決できたのかと質問すると、遠足に来とった幼稚園の子らが、『トンネルつくって抜けば？』と言って、それで解決したそうなんです。結局、誰がそういう言葉を口にするのかわからんし、近くにいると見えないこともたくさんあるわけやね。林業にしても、神山の人なら『こんなもん器《うつわ》にならん、ヒビ入るで』と思うような木材を使って、アーティストは価値のある作品をつくったりする。そういう目を持った人材を集めたらおもしろくなるやろうと思って、僕らは活動しているわけです」（大南さん）

パーティでヤキトリばかり焼いていたわけじゃない、ふるさとを元気にするためのヒントを、大南さんは留学した二年間で貪欲に吸収しています。

その大南さんに、本書の若い読者に向けたメッセージをお願いしました。〝土の人〟の生き方の魅力とは、いったい何か？

「社会に出ると、自分の自由に任せてもらえることは意外に少ない。けれども、神山みたいに逆境にある地域では、僕らのようなもんでも存在感を出せる。自分の意志を曲げずに、やりたいことをダイレクトに実現できる場が田舎にはあるし、それができる人が求められとるんですよ。自分自身がまちをデザインする主体になって、新しいものをつくり出していけるというのは、わくわくすることやと思いますよ」（大南さん）

〝神山の奇跡〟という賛辞は、的確な表現ではないという気がします。決して奇跡なんかではなく、〝土の人〟たちが〝創造的過疎〟という明確な意志を持って描いた未来への過程を、いまの神山町は着実に歩んでいると僕は感じています。

テレビを使ったコミュニティデザイン

神山町のサテライトオフィスのことを書いている最中に、絶妙のタイミングでうれしい知らせが飛び込んできました。第四章の終わりに紹介した僕の友人が、移住した大山町でケーブルテレビのコンテンツ制作をスタートしたのです。コンセプトは〝番組自給率一〇〇％〟。出演者から制作スタッフまで、すべて大山町の住民の手で番組をつくろうという活動です。

「僕自身、被災地や寂れた商店街が元気になるにはどうしたらいいのかということをライフワークのように考え、そういう番組制作に携わってきました。いい番組をつくって、たくさんの人に見てもらえれば、地域が元気になるきっかけになると思っていたんです。でも、『よかったよ』と言ってもらえることはあっても、番組がきっかけで地域の人たちが動き出したという話はなかなか聞こえてこない。東京にいて、地方を取材して、それを全国に紹介するだけじゃなく、もっと他にテレビを使って地方を元気にする方法があるのではないか？山崎さんには笑われるかもしれないけど、テレビを使ったコミュニティデザインみたいなことができないだろうかと考えるようになったんです。そのためには、まずは自分自身が地方に住んで、元気を取り戻そうとしている地域の暮らしを身を以《もっ》て知ることが大事。大山町に移住したのも、それが動機でした」

笑うなんてとんでもない、「頼もしい！」の一言です。これはもう僕の友人としてではなく、Ｉターンで「土の人」の生き方を選んだ実践者としてみなさんに紹介するしかありません。

貝本正紀さん、一九七五年生まれ。アマゾンラテルナという番組制作会社でドキュメンタリーなどを手掛けてきたディレクターです。テレビを使ったコミュニティデザイン、これは僕のほうが貝本さんに学ばないといけない。

「自分にとってテレビの仕事って何がおもしろいのか？　あらためて考えてみると、つくっているときが一番おもしろいんですよ。一つのネタを紹介するだけでも、僕らはその一〇倍、二〇倍のことを調べてから取材するし、取材の過程でいろいろな人との出会いがあり、つながりが生まれていきます。また、一本の番組をつくるためには、バラバラの人たちが大勢で協働しなければなりません。そういう部分はコミュニティデザインにも似ていると感じて、それなら住民自身の手で地域に密着した番組をつくれば、まちを元気にする活動になるんじゃないかと考えたんです」（貝本さん）

役場の職員から聞かされた、「若者が自己実現できるようなクリエイティブな仕事が大山町にはない」という悩みも、貝本さんの活動を後押ししたといいます。

「ないならつくっちゃえばいいのにって思うんですよ。地方へ行くと、雇用がないという意味で『仕事がない』と話す人がたくさんいるけれども、自分が地方で暮らしてみると、まちでできる仕事はいっぱいあると感じました。大山町は人口一万七〇〇〇人の町ですが、たと

住民トークバラエティ『だいせん☆100% TV』

えばホームページをつくる会社もないんです。ニーズはあるのに、頼める人がいないから、都市部の会社にお願いすることになる。役場のパンフレットやチラシの制作も、大半はお隣の米子《よなご》市の業者に発注されています。移住してから、山崎さんのまちづくりに倣《なら》って住民へのヒアリングをしたら、『娯楽がない』『ケーブルテレビはつまらない』という声がいっぱいあった。それなら地元の人たちの力で、やりたいことを実現できる楽しい番組を自給すればいいと思ったんです」（貝本さん）

自給率一〇〇％の番組の第一弾は、五月にスタートした住民トークバラエティ『だいせん☆100％TV』。司会者にスカウトされたのは、おしゃべりが上手くて愛嬌《あいきょう》があるガソリンスタンドの四〇代のおっちゃん。テレーターは介護施設でお年寄りに体操を教えているお兄さんと、声優に憧れながら公民館でアルバイトをしているお姉さん。グラフィックデザインは趣味でCGはつくれるけれど食べて行けないのでテレフォンアポインターのアルバイトをしている三五歳の青年。スタジオのセットを担当したのは移住してきたばかりのガテン系の若者。

スタジオのコメンテーターも、毎回入れ替わりで地域住民が担当。旅館の女将《おかみ》、妊娠中の主婦、漁師、水中カメラマンの農家、趣味で安来節《やすきぶし》の師範になった民謡の先生、役場の地方創生本部の部長、といった地元の「タレント」たちです。

五〇分間の番組内でつくられた目玉のコーナーは、住民の夢をドキュメント風VTRとインタビューで見せる「17000人のゆめ～大山ヒト図鑑～」。これまで一〇四歳のおばあさんや校長先生が出演し、目標はすべての町民に出てもらうこと。「世界で一番多くの夢を紹介した番組としてギネス記録に挑戦中です（笑）」と、貝本さんは話します。

そして、七月には地元の中高校生や、周辺地域の高校生が番組をつくる『大山てれび部』が立ち上がりました。

「おもしろいコンテンツをつくると同時に、メディアで活躍できる人材を育てたいという思いがあるんです。番組制作に企画段階から関わってもらって、撮影や編集の技術だけじゃなく、テーマの見つけ方、取材の仕方、人を引きつけるタイトルの付け方なんかも部活動の感覚で楽しく学べるようにしたい。外部からいろんな分野のプロフェッショナルを招いて、たとえば『スマホで簡単におもしろい動画を撮る方法』といったワークショップなんかも高校生向けにやれたらいいなと考えています」（貝本さん）

『大山町未来づくり10年プラン』というプロジェクトに二〇一三年から関わっている僕にとっても、このまちの若者たちの未来は非常に気になるところです。大山町には高校がありません。中学を卒業すると、みんな米子市などの高校に進学するため、大山町には高校生たちが集まって活動する居場所が少ない。それも若者の都会志向を強くする一因になっています。

その大山町で新たに展開される部活動。これは期待できる取り組みです。

「大山町の高校生のスマホ普及率は東京と変わりません。だけど、都会の情報を受けることが中心で、大山町から情報を発信している人はあまりいないんです。高校生たちが番組づくりを通じてものづくりのスキルを高め、SNSや動画サイトに継続的に情報を発信していくようになったり、身につけた映像技術を将来仕事に結びつけてくれたりしたら、東京の会社が大山町の番組を一本つくるよりも、はるかにまちを元気にする力になると思うんです。都市部の番組制作会社にしても、テレビ局の下請け業務だけじゃなく、自ら地方へ出て行って、地方でおもしろい仕事を開拓していったほうが、映像集団としての本来の力が発揮できる……、なんて偉そうなことばかり言って、まだ何もかたちにはなっていないんですけどね（笑）」（貝本さん）

東京から移住して、集落の生活習慣に戸惑《とまど》うこともまだまだたくさんあると貝本さんは話します。でも、最近では野菜や海産物が玄関先に届けられるようになった。書き置きも残さずにそっと置いていかれるご近所のおすそ分け。それは、ふるさとのために活動する「土の人」として、貝本さんが地元の住民たちから受け入れられた何よりの証《あかし》です。

生き方探しの公式

京都府綾部《あやべ》市には「水源の里」に指定されたコミュニティ（自治会）が五六カ所あります。自然に恵まれた田園都市らしいとても美しい呼び方ですが、この名称はもともと「限界集落」を指す言葉として、二〇〇七年に施行された「綾部市水源の里条例」で定められたものでした。

地場産業の養蚕《ようさん》が衰退したことで過疎化と高齢化とが進み、一九五〇年の市制施行時には約五万四〇〇〇人だった人口も、現在では三万三七六七人（二〇一五年五月・推計）にまで減少しました。美しい里山の風景も、人の手が入らなくなり、農地や山林は荒廃が目立つようになっています。

その綾部市に、僕が多くの示唆を与えてもらった「土の人」が住んでいます。「半農半X」という生活スタイルの提唱者でもある、コンセプトワーカーの塩見直紀さんです。

僕が塩見さんの著書を三冊読んで、「どうしてもこの人に会ってみたい！」という衝動を抑えることができず、取材という名目で綾部市までお話をうかがいに行ったのは二〇〇八年。studio-L を設立して三年が過ぎ、コミュニティデザインという仕事をこれからどう展開していこうかと模索していたときでした。そして、会ってみたときの「えっ、この人が？」という意外な第一印象が、いまも鮮明に僕の記憶には残っています。

一九六五年、綾部市生まれの塩見さんは、大学を卒業後、神戸に本社があるフェリシモという通販会社に就職しました。

「じつは綾部市役所の試験も受けたんですよ。でも、採用にならなくてよかった（笑）。一九八九年、日本の経済がバブルの頂点にあった年でしたけれども、入社したフェリシモはその時代には珍しいくらい環境問題や持続可能性を意識している会社だったんです。影響を受

けた僕は環境問題に関心を持つようになり、そこから自分の生き方探しが始まったんです」（塩見さん）

一九九二年、塩見さんは社長に嘆願してつくってもらった「ソーシャルデザインルーム」というたった一人の部署で、社会貢献事業の企画や運営を担当します。その時期に、「土の人」の働き方のベースとなる、二冊の本と出合います。

一冊は、内村鑑三の『後世への最大遺物』。僕も感銘を受けた本であることは前述しましたが、塩見さんはもっとすごい。この本は内村鑑三が三三歳のときの講演録だと知って、塩見さんも三三歳を人生の節目に設定します。そして一九九九年、三四歳になる直前で本当に独立し、ふるさとの綾部市に戻って活動を始めたのです。

人並み外れた意志の強さ。きっと主張が激しく強烈な個性の持ち主だろうな……、と思って会ってみたら、実際の塩見さんは驚くほど穏やかで、「この人が？」と僕は思ってしまったわけです。その後、何度もお目に掛かりましたが、やさしく静かに語られる塩見さんの話には、いつも時間を忘れて引き込まれてしまいます。

もう一冊は『エコロジーって何だろう』という本。この中で著者の星川淳さんが、自分の生活スタイルを「半農半著」と表現していました。興味を抱いた塩見さんは、星川さんが暮らしている屋久島を訪ねます。そして見つけた生き方のコンセプトが「半農半X」。

〈小さな農業で食べる分だけの食を得て、本当に必要なものだけを満たす小さな暮らしをし、大好きなこと、やりたいこと、なすべきことをして積極的に社会に関わっていくこと〉

これが「半農半X」の概念。「X」はミッション（使命）であり、塩見さんは「天職」という言い方もします。自分らしい働き方を「X」に当てはめることができれば、一人一人が社会の課題を解決していくための生き方の一つのモデルになるという考え方です。

興味深いのは塩見さんが「X」を設定したプロセスです。六〇冊以上の著訳書がある星川さんには「著」というミッションがあるけれど、自分には何もない。でも、自分と同じように天職と思える働き方を探している人はたくさんいるのではないか？　そこで「未知なる何か」という意味で「X」と置いた瞬間、「半農半X」が自分の人生だけでなく、多くの人たちの生き方探しの〝公式〟にもなると気づいたわけです。

「一九九五年頃には『半農半X』のコンセプトは誕生していました。僕自身は九六年から自

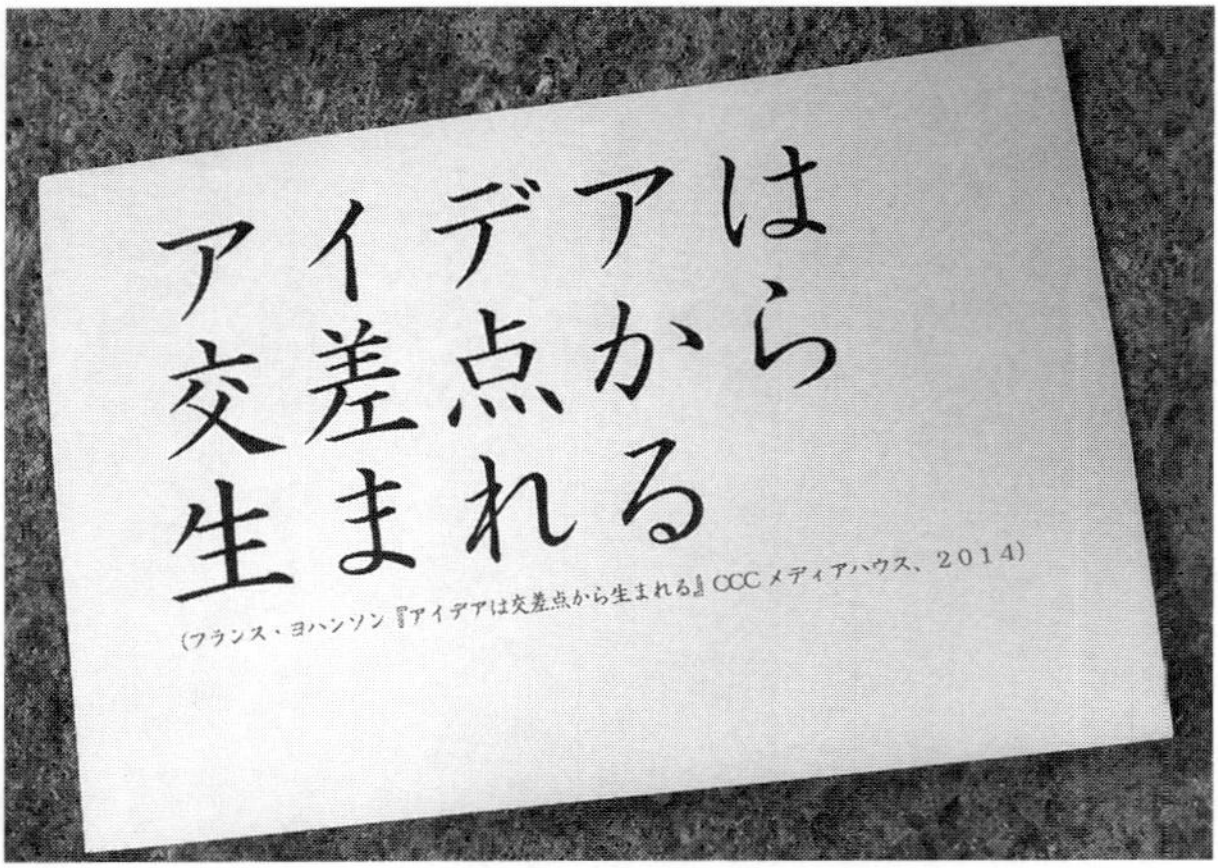

名言を載せた塩見さんのポストカード

給のための『農』をスタートさせて、九八年には『たねっと』というNPOを立ち上げ、野菜の在来種を守る活動などをしていましたが、『X』のほうは食べていけるだけのものがなかった。三三歳で会社を辞めたときも見切り発車で独立したようなものです」（塩見さん）

農地探しは簡単でも「X」探しは難しい、「X」はわくわくするものでなければならないと塩見さんは言います。わくわくするものを、どうやって発見するか？　それは自分自身の体験の中から見つかることもあるかもしれません。

「僕の場合、それが言葉でした。言葉で社会をデザインすることでした。才能と呼べるものがあるとしたら、それが唯一のものかもしれない。大学の四年のころから本などで出合った素敵な言葉を書き留めるようなことをずっと続けていたんです。九八年に、新聞で感動的な文章を見つけて、それをハガキにコピーして一〇〇人の知人に送ったら、その文章が知人から知人へとどんどん伝えられて広がっていき、感謝されるという経験をしたんです。それ以来、自分が知り得たことはできるだけ多くの人に伝えようと考えて、名言、詩、物語、神話などを載せたポストカードを発行したら、これが収入を得る活動になっていったんですね」（塩見さん）

二〇〇二年度に「日本一短い手紙　一筆啓上賞」で最優秀賞を受賞したこともある塩見さんの話の中には、キラキラした言葉がいっぱい見つかります。自分の未来が描けない人がたくさんいるという話をしていると、「夢の自給率が低下しているのかもしれませんね」と、塩見さんは言いました。楽しさ自給率と夢の自給率は、一緒に高めていかなければならないことだと僕も感じます。

人それぞれの「X」も、楽しさと夢を自分でデザインしていくものだという気がします。そして、塩見さんがデザインした自分自身の「X」がミッションサポート。個人から市町村に至るまで、あらゆる「X」を応援する活動が、塩見さんの夢であり、楽しさなのです。

夢を自給する能力

「他人の『X』を応援するというのは、おせっかいみたいなものですよね」

こう言われて、僕は苦笑してしまいました。コミュニティデザインという仕事も、自分が住んでいないよその地域の「X」を応援するようなもの。それでも、まちや住民が元気になるのであれば、塩見さんも僕も全力でおせっかいを焼くに違いありません。

二〇〇〇年、塩見さんのミッションサポートは活発に動き出します。都市と農村との交流や定住促進を目的とした綾部市の任意団体『里山ねっと・あやべ』（二〇〇六年にNPO法人化）の設立に参画し、メールニュースやホームページでの情報発信を担当。言葉で伝えるという塩見さんの力が存分に発揮できる活動です。

個人の「X」のサポートも積極的に展開されます。七〇歳のおばあちゃんの自宅を農家民宿として活用し、都会から来る民泊希望者に綾部の普段の暮らしを体験してもらう宿の女将の役割をおばあちゃんが担う。あるいは、蕎麦ぼうろ（蕎麦粉を使った京都のお菓子）が得意な八〇歳のおばあちゃんに、蕎麦ぼうろづくり教室の講師をやってもらう。単に農家に副業の世話するということではなく、高齢者に「地域の役に立ち、人に喜ばれる」という夢と楽しさを与えることができる活動です。このミッションサポートを、塩見さんは〝福業〟のコーディネイトと呼びます。

二〇〇〇年四月には『半農半X研究所』を開設。執筆、講演、ブログ、メールマガジン等で情報発信された「半農半X」のコンセプトは、新しいライフスタイルの〝公式〟として注目を集め、メディアでもたびたび取り上げられるようになっていきます。自分の「X」を見つけようと、塩見さんを綾部に訪ねる人も現れ始めます。その人たちをサポートするため、二〇〇六年には「X」探しのワークショップを綾部の農家民宿を舞台に一泊二日で行う「半農半Xデザインスクール」を塩見さんはスタートさせました。

さらに、二〇一三年からは「塩見直紀的コンセプトスクール」を京都市内で開校します。ここでレクチャーされるのはコンセプトメイク、いわば夢を自給する能力です。

「フェリシモに入社した三年目くらいのとき、新概念創出能力という言葉に出合って、この能力がソーシャルデザインを仕事にするためには重要だなと感じたんです。自らコンセプトを創り出していける人なら、課題を解決しながら社会を変えていける。その能力を身につけるためのサポートができたらいいなと思ったんです」（塩見さん）

ほぼ同じ時期に、塩見さんの活動に「半農半Xパブリッシング」も加わります。これは

「半農半X」というコンセプトに特化した〝一人出版社〟。印刷やデザインの仕事は、綾部に住む人の「X」に発注されます。そして、この活動の最終的な目標は、新たなコンセプトを創出して発信していける感性豊かな若い書き手の発掘にあると塩見さんは言います。

ふるさとを元気にする「土の人」の活動の可能性を、塩見さんは無限に広げています。でも、こんな話も聞かせてくれました。

「子どもの頃から森の中で遊んでいましたけれど、当時は綾部がいいまちだとは思っていなかった。フェリシモに就職してから、あらためて気づいたんですよ。たとえば京都市内にある天然酵母のパン屋さんが、『ウチの店は綾部のこだわりのタマゴを使っているんだよ』と自慢していたり。ギャラリーで素晴らしい絵に出合って裏を見たら作者が綾部の人で、会いに行ったらとてもおもしろい人だったり。外から見て気がつくふるさとの魅力も、たくさんあるものです」(塩見さん)

読者のみなさんの中にも、大学進学と同時にふるさとを離れて暮らすことになる人もたくさんいると思います。それは、生まれ育ったまちとのつながりが途絶えることではなく、むしろふるさとの魅力を再発見するいい機会になってくれるに違いありません。

時間をかけた〝土づくり〟

「私のやっていることは『半農半種火《たねび》』といえるかもしれませんね」

と話す「土の人」がいます。奈良の中山間地域で農家レストラン『粟《あわ》』を経営する三浦雅之さん。塩見さんが立ち上げた『たねっと』の主旨に賛同し、以来、家族ぐるみの交流があり、塩見さんのことは僕以上に詳しい人です。

「塩見さんは物腰の柔らかい静かな人で、聖者のようなイメージの人ですけど、ものすごく熱いものを内に秘めているんです。一度、家内とご自宅に遊びに行ったときに、塩見さんの奥さんが『全国に二〇〇人くらいしか会員がいないのに……』と、『たねっと』の活動のことを心配されて、ちょっと苦言を呈されたことがあったんですよ。そのときに塩見さんは真顔で、『数の問題じゃない、たとえ一人でも読んでくれる人がいるんだったら僕はこの活動を続けていく』と、きっぱり言われた。マザー・テレサが看取りのための施設である『死を待つ人の家』をつくったとき、『それでどれだけの人が救われるのか？』という質問に対して、『あなたは数字をいくつから数えますか？　なんでも一から始めるものですよ』と答えているんです。塩見さんの考えていることも、それと一緒やと私は思いました」（三浦さん）

『たねっと』の活動は、在来種を後世に遺すこと。僕たちが普段口にしている市販野菜の大半は、バイオテクノロジー技術で品種改良されたF1種（一代交配種）から育てられています。病気への抵抗力が強く、収穫量が見込めて換金性が高いという、人間の都合で改良された種ですが、その性質は二代目には受け継がれない。大学の農学部に入った僕が、もしも当初の志望通りバイオテクノロジーの分野に進んでいたとしたら、間違いなく直面していたテーマです。

命を次世代につなぐという、生き物本来の営みで継承されてきた在来種を守り、その魅力を多くの人たちに伝えていく――この活動は、三浦さん自身の「X」の始まりでもありました。

「もともと私も家内も福祉関係の仕事をしていて、高齢者が要介護になることを前提とした福祉のあり方ではなく、予防福祉といえるようなアプローチができないものだろうかと考えていたんです。それで新婚旅行は医療や福祉の見聞を広げる目的でアメリカへ行き、訪れたネイティブアメリカン（先住民族）の村で、伝統作物のトウモロコシの種を見たときに『大切なものはこれだ！』と感じたんですね。先祖代々受け継がれているトウモロコシの種は、高齢者も子どもも生き生きと暮らしているコミュニティの文化を継承する象徴に思えた。そ

れがきっかけになって、日本のふるさとに伝わっている在来種の調査研究を始めたんです」（三浦さん）

市場には出回らないけれど、農家が自給のために代々育てている伝統野菜が日本の各地にあります。三浦さんは自然農法の塾に通いながら在来種の調査と収集を重ね、一九九八年に『清澄《きよすみ》の里』と呼ばれる奈良県高樋町《たかひちょう》に夫婦で移住。京都府舞鶴《まいづる》市出身の三浦さんにとってはIターン、つまり新たに選んだ第二のふるさとです。

二〇〇二年には、奈良の農家に伝わる伝統の大和《やまと》野菜を使ったレストラン『粟』がオープン。当初、「こんな田舎に客は来ない」と誰もが反対したレストランでしたが、予約が取れないほどの人気となり、二〇一二年にはミシュランの星も獲得しました。

残念ながら僕はまだ『粟』の料理を食べたことがないのですが、三浦さんの本を読んで、いつかお目にかかって話を聞いてみたいと思っていた。その希望を叶《かな》えてくれたのは、大山町に移住した貝本さんでした。彼がディレクターを務める『部活DO！』というアプリのコンテンツで、僕は三浦さんとお話しする機会に恵まれます。活動し、情報を発信し続けていれば、会いたい人とつながるチャンスはどんどん広がっていくものです。

三浦さんに僕が一番聞きたかったのは、〝種火〟と呼んでいる「X」の活動についてでした。二〇〇四年、「伝統野菜で地域づくり」を目指して、三浦さんはNPO法人『清澄の村』を設立。さらに『五ヶ《ごか》谷《だに》営農協議会』を組織し、大和野菜の六次産業化を推進しつつ、地域の景観保全や遊休農地対策にも取り組んでいます。

「地域の人々が本当に仲良くコミュニケーションしていたり、地域全体で子どもの成長を見守ったり、そういった数値では表せない価値を大事に伝えていきたいと思っているんです。こういう活動は効率は悪いです。でも、この村に入植したときに、お隣の農家のおじいちゃんからこう言ってもらったんです。『野菜を育てるのも、事業をするのも、あわてて実りを求めたらいかんよ』と。都会で生活していると、スピードばかり求めてしまうようなところがありますが、じっくり時間をかけて〝土づくり〟をしていかなければ、後世に伝えていけないものもたくさんあるんですね」（三浦さん）

三浦さんの農家レストランは、二〇〇九年に奈良市街地に姉妹店『粟ならまち店』がオープン。大和野菜に加えて、大和牛や大和肉鶏《にくどり》といった奈良伝統の食材も使われています。地酒も豊富。僕は飲めないけれど、清澄の里の近くにある正暦寺《しょうりゃくじ》は「日本清酒発祥の地」なのだそうです。

そして、二〇一五年五月には旧奈良市役所の建物であるならまちセンターに三つめの店となる『coto coto（コトコト）』が開店。

「奈良の夜のまちに賑《にぎ》わいをつくることと、奈良の魅力を発信することを目的に、官民協働で始まった事業です。この話をいただく前から、じつはサロンをつくりたいという思いを抱いていました。農家レストランを始めた一四年前は、変わり者みたいに見られましたけど(笑)、最近では『農のある暮らしに憧れる』と、たくさんの人から言ってもらえるようになりました。雨が降っているときに火は燃えてくれませんが、いまなら私たちが育ててきた種火が勢いよく燃えてくれると感じているんです。これまで種を〝守り〟、人を〝つなぐ〟ことに取り組んできましたので、これからはつながりを具体的なアクションに変えて、豊かなコミュニティを〝創る〟活動をしていきたい。その拠点として人や情報が集まる場所になるようにcoto cotoを育てていきたいと思っています」（三浦さん）

退職してからレストランを開業するまでの約五年間で、三浦さんは貯金をすべて使い果たしたと言います。が、その話をいまの三浦さんが笑顔で口にできるのは、独立してつかんだ〝土の人〟の働き方が充実しているからに他ならないという気がします。

ふるさとは「ほんまもん」の宝庫

農業だけでなく、漁業や林業といった第一次産業で支えられてきたふるさとも日本にはたくさんあります。前述した社会人講座の『ふるさとという最前線』では、Uターンをして実家の製材所を継いだ女性もゲストに来てもらいました。

「材木屋というのは男社会ですし、幼い頃からおがくずまみれの父の姿を見ていましたから、こんな3Kみたいな職場に飛び込みたくない、どうやって逃げようかということしか考えていませんでした」

と話す熊谷有記さんの実家は、香川県丸亀《まるがめ》市の中山間部を通るさぬき新道（県道278号線）沿いにある『山一木材』。父親の後を継ぐ気がなかった熊谷さんは、京都の大学に進み、社会学を勉強します。取り組んだのは商店街の研究。その過程でものづくりのスキルの必要性を感じ、卒業してからあらためてデザインの専門学校に通いました。そして就職。「材木屋から逃げたい」と思いながら、気がつけば木の文化や工芸技術に惹《ひ》かれていたと言います。

僕と熊谷さんとの最初の出会いは、二〇〇七年だったと記憶しています。ある勉強会の講師を頼まれ、大阪市内の会場に行ってみると、併設されているカフェがとてもいい雰囲気でした。床や壁を見ると、家の柱に使う木の端材をスライスして、タイルのように貼り付けてある。カラフルなコースターは布の切れ端でつくられていた。「これは誰のデザインだろう?」と思って店員さんに聞いてみると、「手掛けたクリエイティブディレクターはこの人です」と言って、紹介されたのが熊谷さんでした。

「デザイン事務所で端材を使ったプロジェクトや、日本の職人さんの技術を生かしたものづくりをやっていたんです。その仕事の中で『日本で継承されてきた技術はすごいなぁ』と感じていたんですけど、『継いでくれるもんがおらんのよ、わしの代で終わりやわ』という職人さんばかりでした。その声を聞くたびに、『おっちゃんの仕事は絶やさへんから』と言いながら、私の父も職人さんたちと同じ思いなんじゃないのか、実家の製材所はなくなっちゃいけない会社なのかもしれないと気づいたんですね」(熊谷さん)

ちょうどstudio-Lも穂積製材所プロジェクトをスタートした時期でしたから、熊谷さんの話は非常に興味深かった。後日、僕は勉強のため熊谷さんの実家を訪ねました。『山一木材』では、「無垢《むく》材」「天然乾燥」「高齢樹」という三つの特徴にこだわって仕入れ・製材を行っています。熊谷さんの父親の國次さんは、自社で扱う木材を「ほんまもんの生きた木」と表現しました。

生きている木は呼吸をします。膨張・収縮をするし、ねじれや反《そ》りが生じることもあるし、割れることもある。それが木材の本来の性質であり、かつての日本の住宅は生きている木の調湿作用を上手に活かして建てられていました。

しかし、見た目や工事のスピードが優先されるようになり、建材は細い木を接着剤で貼り合わせて強度を出した集成材や、高温で強制的に水分や樹液を抜いた人工乾燥材が主流になっています。

「人工乾燥の木は香りがしません、炭の匂いがするんです。それに、外側は割れていなくても、内側は割れてすかすかになっていたりします。そんな生きていない木の家に住まわされる人が多くなったことを父はいつもぼやいていましたけれど、父がぼやいてもお客さんには伝わらない。もっと他に上手な伝え方があるんじゃないかと思って、二〇一〇年に『KITOKURAS（キトクラス＝木と暮らす）』というプロジェクトを立ち上げたんです」（熊谷さん）

森に囲まれた製材所の敷地の中に、カフェや日用品店や図書室のあるショールームがつくられます。イスやテーブルに使われているのは、さまざまな種類の「ほんまもんの生きた木」。森の中も自由に散策でき、カフェで出されるコーヒーや焼き菓子や食事を豊かな森の木陰で楽しむこともできる。訪れた人たちに木の魅力を知ってもらうための工夫が、随所に施されています。

『KITOKURAS』外観

『KITOKURAS』ショールーム

また、近隣の農家、養鶏所、パン屋、レストランなどと一緒に開催する「ほんまもんマルシェ」を年四回、季節ごとに企画。この産直市を熊谷さんが思いついたきっかけがおもしろい。

「地元の農家が届けてくれた朝採れの野菜を食べた私のじいちゃんが、『農家の人はずるい、毎日こんな美味いもん食べとる』と言っていたのを聞いて、ほんまもんが少なくなったのは木材だけじゃないって思ったんです。近所で美味しい柏餅《かしわもち》をつくっているおばちゃんは、『柏の葉も最近は中国の塩漬けが使われるようになったけど、私はちゃんと山まで摘みに行くで』と言っていました。せっかく身のまわりにほんまもんがたくさんあるんだから、それを集めて多くの人に知ってもらう機会をつくりたいと思ってマルシェを企画したんです」
（熊谷さん）

山の中にある製材所は、決して交通の便がいい場所ではありません。にもかかわらず、マルシェの日には二五〇〇人もの人が〝ほんまもん〟を求めて訪れると熊谷さんは話します。
「こんなにたくさんの人がどこから来るんだろうと、最初は私もビックリしましたけど、もっとビックリしてあわてていたのは出店してくれた地元のおばあちゃんたちでした。だからマルシェの実行概要の項目には、『お客さんが行列をつくっても落ち着きましょう』という

一文を書き加えなければなりませんでした（笑）」（熊谷さん）

ほんまもんマルシェと同時に開催する『木と暮らす一日』というイベントでは、木の魅力を伝えるためのワークショップ『KITOKURAS class』も行われます。これまでに企画されたのは、木型の職人を講師に招いた、香川県名産の砂糖「和三盆《わさんぼん》」づくりの体験教室。あるいは高松市在住の消しゴムはんこ職人に指導してもらう、木の枝を材料にしたはんこづくりなど。

「小さい子どもたちにも木のことを知ってもらいたいので、幼稚園児を対象にしたワークショップも行います。森にはタヌキやネズミや鳥やいろいろな生き物が暮らしていますから、子どもたちと一緒に拾い集めた木の実を丸太にデコレーションして、森の生き物たちのためのクリスマスケーキづくりもやりました」（熊谷さん）

伝えたいのは、あくまでも〝ほんまもん〟の木の良さ。熊谷さんが跡継ぎになったことで、祖父の代から続く「山一木材」の売り物が変わったわけではありません。変わったのは、「材木を販売する会社」から「暮らし方を提案できる会社」へとシフトしたコンセプトなのです。

「KITOKURASは海老《えび》だと思っています。私は海老で鯛《たい》を釣りたい（笑）。材木屋が欲しいのは住宅の受注です。最初の一年は『材木屋がコーヒー屋始めて何しよる?』って言われましたけど、私はコーヒー一杯で家を売りたかった。二年目以降、KITOKURASの活動が入口になって、一カ月に一棟のペースで住宅の注文が入るようになっています」(熊谷さん)

第一次産業に従事する集落の人たちにとって、カフェやギャラリーを営むことは単なる副業と思われがちです。しかし、地域の人たちとともに考え、多くの人たちが楽しめる機会を創出することにつながれば、それはふるさとを元気にする活動になるのです。

商店街は活動のステージ

香川県には、僕に何度も貴重な体験を聞かせてくれた「土の人」がいます。高松市の市街地、丸亀町商店街振興組合理事長の古川康造さん。一九五七年生まれ、関西の大学で経営を学んだ後、ふるさとの丸亀町に戻り、まちづくりに尽力されてきました。

「丸亀町商店街の開町は一五八八年。四〇〇年以上の歴史があって、僕の生家も一〇〇年を超えて商売をしてきました。昔は呉服屋、いまは電気屋です。家業は兄が継ぎ、僕は家から放り出されて、商店街の仕事に携わるようになったんです」(古川さん)

丸亀町商店街には、かつて一〇〇〇人以上が住んでいました。ところが、一九八八年に瀬戸大橋が開通したことで、高松市内に大型量販店が次々に出店します。買い物客の足が遠のいた商店街は見る見る活気を失い、バブル崩壊後には住民の数も七五人にまで減ってしまったと古川さんは振り返ります。

商店街がさびれてしまっても、郊外のショッピングセンターで買い物ができれば不自由はしない――。そう考える人もいるかもしれません。でも、古川さんはこう指摘します。

「商店街のある中心市街地というのは、地域の中で地価が一番高いところです。農地と比べると、地価には六〇倍くらいの格差がある。商店街でお金が使われなくなれば、自治体に入る税金も激減します。商店街に元気がない状態というのは、自治体が疲弊する原因にもなるわけです」（古川さん）

難しいのは、その地域経済の仕組みを訴えるだけでは商店街に買い物客は戻ってこないという現実です。郊外型の大型店のほうが品揃えは豊富。しかも、薄利多売のビジネスモデルに対して、小さな個人商店は価格の面でなかなか太刀打《たちう》ちできない。

買い物客を呼び寄せるために、たとえば全国的に有名な飲食店に来てもらったり、あるいは人気のブランド店に来てもらうという方法も、かつては多くのまちで見受けられました。

しかし、それは商店街にとって延命にはなるかもしれませんが、再生と呼べるほどの起爆剤にはならなくなっています。

古川さんが考えたのは、地域の人たちが楽しめる新しい商店街の仕組みでした。

「買い物をするだけの場所では、市民権は得られない。これからの商店街は、いろいろな人たちが集まって連携できるステージにならなければならないと思ったんです。そのための仕掛けを僕たちコツコツつくってきたんですよ」（古川さん）

二〇年前、人通りもまばらだった丸亀町商店街は、現在では休日になると三万人もの人が訪れる四国屈指の商店街になっています。象徴的な事例は、まちの中につくった大きな広場です。以前から商店街に隣接していた広場は市の所有だったため、イベントをやる場合でも夕方五時以降は使えず、火の使用も禁止されていました。そこで、民間の土地を活用して広場を四倍に拡張します。民間の所有地であれば夜でもイベントが開催できるし、火を使って飲食の提供もできる。緊急車両の通路さえ確保しておけば、お酒の販売からベンチや舞台の設営まで、市民が自由に使える全天候型の広場になると古川さんは話します。

「いまでは三日に二日は広場で誰かが活動していますが、僕らが頭をひねってイベントを企画したのは最初だけです。広場を使って好きなことができるということが市民に知れ渡れば、何かをやりたいという人はどんどん出てきてくれます。とくに若い世代は、商売やイベントのアイデアをいっぱい持っているし、やる気もある。持っていないのは資金だけなんです。その部分を商店街が支援できれば、市民が主体となって人が集まるステージをつくることができるんです」(古川さん)

広場だけでなく、空き店舗も無償で提供する。商売を始めたいという若者には、店の内装費や初期投資まで商店街が負担するケースもあると古川さんは言います。支援の条件は、「儲かったら少しずつ返してください」というもの。個人事業主という働き方を目指す人にとって、この上ない好条件です。

「独立を考えている若い人がどんどん来てくれるようになれば、あとは高級ブティックとうどん屋さんが並んだりしないように、正しいゾーニングを考えればいい。それが商店街全体を元気にするために僕らがやってきたエリア・マネジメントなんです」(古川さん)

地方の若者なら、一度は大都市での生活に憧れることもあると思います。その気持ちを、古川さんは否定しません。

「講演に呼ばれたりして各地の商店街の主人と話をする機会がたくさんありますけど、家業を継がずにサラリーマンになった息子さんを嘆く人がいっぱいいます。でも、僕ははっきり言いますよ、『息子さんの選択は正しい』と。親の商売に将来性が見出せないからサラリーマンになったわけで、それは時代が読めている証拠なんです。むしろ、都会でビジネスの経験を積んでから、ふるさとに帰って来てくれたほうが、いろいろなアイデアを出してくれるはずです」(古川さん)

自治体の税収だけに頼らず、ふるさとが住民の力で元気を取り戻していくためには、収益を生むビジネスの感覚も大切になってきます。丸亀町は民間主導の第三セクター『高松丸亀町まちづくり株式会社』を組織し、少し前まで古川さんが専務取締役を務めていましたが、その事業には病院とレストランのコラボレーションという画期的な取り組みもあります。

レストランでは糖尿病患者向けに、きちんとカロリー計算をしたフレンチのフルコースが提供されます。普段、厳しい食事制限をされている患者も、病院に来れば堂々と美味しいフランス料理が食べられる。それが楽しみとなり、患者は月一回の検査を欠かさずに受けるようになる。病院もレストランも患者も、みんなが得をする仕組みです。

「僕らの世代がやらなければならないのは、安心して一生を過ごせるまちづくりをすること。それが、都会に出て行った若者たちが帰ってきたくなるふるさとだと思うんですよ。地域教育というと歴史や文化を教えることばかりに目がいきますけれども、本当にハッピーな暮らしがどういうものなのかは、生まれ育った地域から学べなければいけないことなんです」

（古川さん）

どんな大学へ進むのか？　偏差値で絞って、その中から自分が受かりそうな学部・学科を選択するという決め方は、考え直したほうがいいのでないだろうか。自分が一生を過ごすふるさとが、将来どうなっていて欲しいのかを考え、そこから逆算していまの自分が学ぶべきことを導き出す。そういう進路の決め方をしたほうが、〝学び〟そのものを楽しむことができると僕は思います。

都会では創れない喜び

都市部にいなければできない仕事もあります。しかし、逆に地方だからこそ存在感が際立つ仕事もあります。最近では山奥にできたカフェが人気スポットになることも珍しくなくなりました。東京の渋谷にお洒落《しやれ》な店がオープンしてもそれほど話題にはなりませんが、地方の集落にできれば注目は集まります。

『ふるさとという最前線』のゲストに来てくれた藤原ヨシオさんが経営する雑貨店『GENOME（ゲノム）』も、そんな店の一つです。

「田舎者がさらに田舎者扱いされるような場所です」

『GENOME』外観

と、藤原さんが話すふるさととは、福井県の真ん中に位置する南条郡《なんじょうぐん》南越前町《みなみえちぜんちょう》。人口は約一万人、冬は雪が三メートルも積もる中山間地域です。面積の九五パーセントを山林が占める小さな農村にGENOMEがオープンしたのは二〇〇八年。自宅に併設した一三坪ほどの店舗はとてもスタイリッシュな外観ですが、じつは自ら改装した手づくり。この小さな田舎の雑貨店で、藤原さんは都会のショップに負けないほどの収益を上げているのです。

一九九一年、高校を卒業した藤原さんは、「町営のスキー場で働きたい」という動機で地元の町役場に就職しました。しかし、役所の仕事に違和感を覚えることもあったと言います。

「住民の役に立つ喜びや達成感もありましたが、一方で予算を消化するためだけの仕事もあって、これは自分の働き方ではないと感じました。自分が生まれ育ったまちを元気にしたい、そして自分の暮らしも充実させたい、その二つの思いを抱きながら、漠然と過ごしているうちに、いつかは独立して好きな商売を始めたいと思うようになったんです」（藤原さん）

二六歳のとき、開業資金を貯めるために転職を決意します。某運送会社から内定ももらいますが、「役場で働きながらでもお金は貯められる」と上司から説得されます。それから一〇年間で藤原さんは五〇〇万円貯め、二〇〇八年三月、一七年間勤めた役場を三五歳で退職しました。

「もともと雑貨好きでしたから、暮らしに喜びを与えられるような品物を扱う店をつくりたかったんです。国にも時代にも左右されない、ロングライフデザインが品揃えのコンセプト。〝GENOME〟というのは、生物をつくるために必要最低限な遺伝情報という意味があり、お客さんに細胞レベルまで心地よくなってもらい、心に刻まれるような店になりたいという願いを込めました。役場を辞めて三カ月後に店をオープンしたときは、地元の人たちから『頭がおかしくなったのか?』と言われましたけど(笑)」(藤原さん)

GENOMEで扱う商品はスタンダードを意識した雑貨や家具類。店内には銭湯の脱衣カゴや使い古した分銅《ふんどう》(鉄の重り)なども並びます。地元の人にとっては「そんなものを誰が買うのか?」と思えるようなものでも、銭湯に行かなくなった都会の人には脱衣カゴは懐かしいアイテムに映るし、分銅はお洒落なペーパーウエイトとして売れる。店の評判は口コミでどんどん広がり、藤原さんのブログは「田舎暮らし」のカテゴリーで五位になったこともありました。

僕がGENOMEを知ったきっかけはツイッターでした。「これから福井大学にレクチャーに行きます」とつぶやいたとき、「時間があればのぞいてください」と藤原さんがリツイートしてくれた。山奥の雑貨店でどんな働き方をしているのか? 興味津々《しんしん》で訪ねて行ったのが藤原さんと僕との初対面でした。

こんな山奥で商売を始めた人だし、ファーストコンタクトがツイッターでしたから、きっと藤原さんはインターネットをフル活用しているのだろうと、僕は想像していました。が、想像は見事にハズレ。

「じつはパソコンは苦手なんです。得意だったらネット通販もできるだろうと思って、いま勉強中です」(藤原さん)

さらに僕の想像と大きく違っていたのは、藤原さんの印象でした。田舎で大人気の雑貨店の主人ですから、とても話し上手で社交的な人だとばかり思っていたら、全然おしゃべりじゃない。むしろ木訥《ぼくとつ》で、押しの強さもない。パソコンが苦手で、セールストークに長けたわけでもないのに、山奥の小さな雑貨店を大繁盛させている藤原さんの働き方が、最初はなんだか不思議にも思えたものでした。

でも、藤原さんのお話を聞いていると、大繁盛の秘密が少しずつ見えてきた。雑貨店を併設した自宅周辺のロケーションは、雑誌のグラビアやミュージシャンのCDのジャケット写真の撮影場所になるほど豊かな自然に恵まれた環境です。GENOMEを訪れた客に、絶好のロケーションを存分に楽しんでもらうための仕掛けを、藤原さんはいくつも考えていました。

たとえば、木陰に吊《つる》したハンモックで昼寝ができる。子どもが楽しめる遊具もある。草原で四つ葉のクローバーを見つけた人には、地元で採れた果物や野菜がプレゼントされます。秋にはアケビをプレゼントすることもあるそうですが、都市部から来た人なら「生まれて初めて見た」と言って喜ぶ人もたくさんいるに違いありません。

「近くにはサイクリングコースがあり、ツーリストたちが休憩所代わりにGENOMEを利用してくれることもよくあります。そういうときは地元特産の梅ジュースをふるまったりします」（藤原さん）

藤原さん自身がセレクトした飽きの来ないロングライフデザインの家具は、個人だけでなくオフィスユースの注文も増えていると言います。

「家具はほぼ一〇〇パーセント、自分で配達をして現場で組み立てもやります。お客さんが喜ぶ顔を見るのが好きなんです」（藤原さん）

という言葉に、藤原さんの働き方の原点を僕は感じます。モノを売って稼ぐだけではない、『GENOME』という店は自分のふるさとを訪れた人を楽しませるための「土の人」の活動に他なりません。

「ブログで商品を紹介するときは、お客さんがモデルになってくれますし、そのお客さんが友だちを連れてまた来てくれることもよくあります。都市部に住んでいる彼女を連れてきて、『素敵な場所でしょう！』といって自慢する人もいて、そういうときは僕まで嬉しくなります」（藤原さん）

雑貨や家具を扱うだけだった商売も、少しずつ手が広がっています。店舗は築一〇〇年の蔵を改装してフロアを増設。コンセプトはそのままに、地元の特産品なども取り扱うようになりました。さらに、古納屋を改装したフロアも増設し、「自由なお庭遊び」をテーマにしたオリジナルブランド『YARD PLAY』を立ち上げ、自らアレンジした多肉植物や土がいらないエアープランツの販売も始まっています。今後は『GENOME』の森や地元の山にあるたくさんの山野草を店舗で紹介しながら、都会の人たちとのつながりを増やしていきたいと藤原さんは話します。

「店と地元を知ってもらうために、フリーマーケットも開催しています。地元の人たちは『こんな田舎にこれだけの人が集まることはいままでなかった』と驚いていますし、出店者からは『どんなに有名で大きなフリマよりもGENOMEのフリマが一番好き』と言ってもらいました。これからは、地元のおじいちゃんやおばあちゃんが自慢の野菜なども売ってく

れるフリマにしていきたいと思っています」（藤原さん）

『GENOME』で扱っている雑貨は、集落の住民があまり興味を示さないものばかり。その店が、なぜ地元の人たちからこんなに愛されているのか？　『ふるさとという最前線』で藤原さんに講義をしてもらったとき、その理由の一端を僕は知ることができました。

藤原さんは照れくさそうに「裏の仕事」と言いますが、『GENOME』のコンセプトではない日用品やギフト商品もじつは扱っています。それらは、地元の人たちの普段の暮らしを支えるための仕事。

「あなたのやれることをやりましょう」

藤原さんの働き方を見ていると、僕の頭の中ではラスキンの言葉が重なってきます。

ちょうどいい生き方

最後にもう一人、『ふるさとという最前線』のゲストに呼んだ「土の人」を紹介します。自然派菓子工房『ぽっちり堂』のオーナー、川村圭子さん。

大阪出身の川村さんは京都の大学で工芸を学びながら、二一歳で京都郊外のお寺を借りて田舎暮らしを体験。その頃から「表現×社会×仕事」という生き方の構築が始まりました。

結婚し、子どもが生まれたことで、より地域に腰を据えた生き方を実践するため、二〇〇六年に移住したのが夫の幸司さんの故郷でもある高知県の嶺北《れいほく》地方（土佐郡土佐町）でした。

「住居は築一〇〇年以上の古民家です。まわりには日本昔話みたいな景色がいっぱいある山奥で、人口の六割以上が高齢者です。六〇歳の人が『若い』と呼ばれて、幼い子どもはまちの宝物みたいに大事にしてもらえます」（川村さん）

山奥でどんな働き方ができるのか？　移住したご夫婦が始めたのは、ケーキやクッキーのネット販売。地元嶺北産の柚子《ゆず》や生姜《しょうが》、米粉、平飼卵などの材料を使った素朴なお菓子で、パッケージやリーフレットには川村さんのメッセージ入りのイラストが描かれています。屋号につけた「ぽっちり」は、土佐弁の「ぼっちり（＝ちょうどいい）」からの命名。自分たちにちょうどいい暮らし、そして利用する人にとってちょうどいい店を目指したと川村さんは言います。

「ネット販売はそれほど資金をかけずに始められます。上手く情報発信していけばファンも獲得できるし、マスコミも注目してくれます。少しですが道の駅やアンテナショップへの卸売りにもつながりました。ぽっちり堂のお菓子を気に入ってくれて、わざわざ山奥まで訪ねて来てくれるお客さんもいらっしゃいました」（川村さん）

『ぽっちり堂』の外観（左側は自宅、右側がぽっちり堂）

『ぽっちり堂』のテラス

二〇〇九年には、山カフェがオープンします。カフェをつくることは以前から夫婦で考えていたそうですが、一番の目的は飲食の提供ではなく、豊かな空間や時間を感じてもらうこと。都市部からは車で一時間以上かかる場所にありながら、山カフェ・ぽっちり堂は「わざわざ行きたい店」として評判になりました。

「都会からたくさんの人が来てくれるようになったことで、いままで何もないと思っていた風景が、地元のおばちゃんたちの自慢になったんです。いつも目にしている景色が、山カフェという場所から見ることで、違った見え方になる。山カフェは、このまちの魅力を風景画のように切り取って見せてくれるフレームの役割を果たしているんだなと感じました」（川村さん）

山カフェを訪れ、嶺北地方の魅力を知った若者の中には、「ここで働きたい」と希望する人も現れます。川村さんは慶應義塾大学大学院で地域起業家養成研修を受け、夫の幸司さんは移住支援を目的としたNPO法人『れいほく田舎暮らしネットワーク』のスタッフでもあります。ぽっちり堂が移住希望者を受け入れて、地元で独立するまでをサポートするようなケースもこれまでに度々ありました。

「お菓子づくりの工房では地元の若い子たちと移住希望者とが協力して働けるようにしてい

ます。一緒に育ち合うような関係を築いてくれたらいいなと考えているんです。お菓子づくりを学ぶというよりは、このまちで楽しく暮らしていく方法を自分の感性で見つけて、まちの魅力をどうやって多くの人に伝えていけばいいのかということをしっかり学んでから、ぽっちり堂を卒業して独立して欲しいと思っています」(川村さん)

二〇一四年の夏。川村さんから山カフェを一時休店するという知らせが届きました。ふるさとを元気にする人気店の休業はちょっと残念ですが、理由を聞いて僕は川村さんご夫婦が「土の人」としてさらなる大きな一歩を踏み出したことを嬉しく感じました。

川村さんは、得意な絵と文章を自己表現のスタイルにし、四コマエッセイストとして本格的に活動を開始。ヒビノケイコのペンネームで上梓した著作『山カフェ日記』のサブタイトルには、こう記されていました。

「30代、移住8年。人生は自分でデザインする」

表現×社会×仕事=ふるさとに腰を据えた作家活動。それが川村さんのデザインした人生です。

そして夫の幸司さんは、移住支援活動に専念しながら、ぽっちり堂の可能性を広げ、「お山の大学」のような学びや創造の場をつくることを目指しています。

川村さんは、ブログにこう書き込んでいました。

「夫婦でこれからの20年を真剣に考えたとき、今こそモデルチェンジが必要だと思い至り、決断をいたしました」

二〇年後の未来を描いて、バックキャスティングで導き出した〝いま〟を、お二人は歩んでいます。『ふるさとという最前線』の講義の最後で述べられた川村さんの言葉を、僕は思い出します。

「素敵なところは活かす。未熟なところや必要なものは自分たちでつくればいい」

お二人が「土の人」として、これから何を活かし、何をつくっていくのか？　僕は期待をせずにはいられません。

終章

未来を切り拓くために

コミュニティデザインの源流

第五章までの原稿を書き終えた二〇一五年のゴールデンウィーク、僕はstudio-Lの仲間たちとイギリスへ向かいました。コミュニティデザインの〝源流〟をたどる旅です。

チェルシーでは、カーライル邸を訪れました。ハワードが設計したレッチワースの田園都市へも行ってきました。ブルームズベリーではアート・ワーカーズ・ギルドを視察。ここはラスキンを師と仰いだデザイナーのウィリアム・モリスの弟子たちが設立したギルド。studio-Lのコミュニティデザイナーたちにとっては聖地みたいなところです。

ラスキンゆかりの場所も、もちろん訪問しました。コニストンの湖を見下ろすラスキン邸。近くにはラスキン・ミュージアムもつくられています。そして、ラスキンが眠る墓地。ついお墓参りをしたくなるのは、先祖の遺志を受け継いで社会を築いてきた日本人的な感覚と言えるかもしれませんね。

今回の旅では、コミュニティデザインを勉強する上で欠かすことのできない先人たちの貴重な足跡を数多く目にすることができました。二週間あまりの行程で見たことや感じたことだけで、何冊も本が書けてしまいそうなくらい充実した旅でしたが、本書の読者のみなさん

カーライル邸

アート・ワーカーズ・ギルドの内装（撮影：著者）

コニストンのラスキン邸

ラスキンの墓

には世界遺産にもなっているニューラナークで僕が考えたことをお伝えしたいと思います。

ニューラナークを語るには、ロバート・オウエンのことに触れないわけにはいきません。一七七一年生まれの実業家で、「協同組合の父」とも呼ばれているオウエンの活動は、ラスキンの思想に多大な影響を及ぼし、ハワードの田園都市論にもヒントを与えたとされています。

オウエンの前半生は、成功の連続でした。学校で勉強をしたのは九歳までで、一〇歳から働き始めますが、旺盛な読書とさまざまな商売の現場経験を通じて、彼は〝働く〟ために必要な知識や技術を身につけていきます。日本でもしばしば導入が検討されるサマータイム（夏に時計を進めて日照時間を有効に使い、生産性を上げる制度）も、後にオウエンが考案したもの。人間が幸せに働ける仕組みを数々デザインした社会改革者でもありました。

二三歳で独立したオウエンは、工場経営者となります。そして、出張先のグラスゴーでアン・キャロライン・デイルという女性と出会い、恋をします。つき合い始めた二人は、お互いに結婚したいと思った。しかし、アンは父親にオウエンを紹介できなかった。

彼女の父親のデビッド・デイルは、綿紡績《ぼうせき》工場をいくつも経営する大資本家でした。オウエンも工場経営者とはいえ、デイル氏から見れば田舎者の若造にすぎない。結婚を申し込んでも断られるのは目に見えていました。

それでも結婚したい。では、どうするか？　ちょうどその時期、デイル氏は自らの事業を縮小しようと考えていました。所有する施設の中で、もっとも大規模なものがニューラナークという中山間地の村にあった。四棟の紡績工場と、労働者の住宅と、子どものための学校がニューラナークにはつくられていました。それらを村ごと売却したいというデイル氏の意向を知ったオウエンは、出資者を募って買取りを申し出ます。見積書に納得したデイル氏は、オウエンを共同経営者として迎え入れ、工場の管理を任せた。そこまで決まったときに、初めて打ち明けたのです、「じつは娘さんとつき合っています、結婚させてください」と。オウエンが山奥の村で働くことを決めたのは、一番欲しかったものを手に入れるための作戦でした。

オウエンがニューラナークの経営に着手したのは一八〇〇年一月一日。このとき彼は〝government〟という言葉を使いました。「経営」ではなく「統治」するのが自分の仕事。利益を上げるだけでなく、ニューラナークに暮らす約一八〇〇人の住民の生活全般を改善しようとしたのです。

当時の工場労働者は、非常に意識が低かった。隙あらばサボろうとするし、モノを盗んだ

ニューラナーク

ニューラナークの売店（当時の再現）

りもする。二〇〇年以上前のイギリスの工場は、どうやらそんな環境だったようです。

オウエンは考えました。必要なのはルールに従わせることではなく、環境や労働条件を変えること。着任したばかりのオウエンはまだ利益を上げていないから、いきなり労働者の給料を上げることはできない。取り組んだのは福利厚生でした。協同の炊事場や食堂をつくることで、労働者や家族の食費の負担を減らす。日用品は会社でまとめて仕入れ、協同の売店をつくって安く売る。このアイデアが後に協同組合の仕組みに発展していきます。

さらに、社会人教育を導入し、労働者の意識を変えようとした。日報を書かせたり、作業内容を評価させたりする仕組みは、労働者の主体性を形成することにつながりました。労働者のやる気を引き出すことで、工場の生産性を向上させたのです。

そして、特筆すべきは「性格形成学院」の設立。山奥にあるニューラナークでは、労働者の安定的な確保が課題でした。そこでオウエンが考えたのは、村で生まれた労働者の子どもたちを、将来の働き手として教育すること。人間の活動は環境で変わるという自らの考え方を、オウエンは「性格形成の原理」と名付けています。子どもに適切な教育環境を提供する性格形成学院は、地域を支える有能な活動人口を育成する場となり、この学院は幼稚園の先駆けとされています。世界初の幼稚園はドイツのフレーベルが一八三七年に設立したといわ

性格形成学院

れますが、それよりも前に幼児教育の重要性に着目し、なおかつ実践したのがオウエンだったのです。

賞罰で人を動かすのではなく、教育によって内なるモチベーションを喚起し、労働時間を短縮しながら利益を上げることにオウエンは成功しました。ニューラナークは、住民の幸福な生活が実現された理想のコミュニティとして賞賛を浴び、最盛期には視察者の数が年間二万人にも達したといいます。

研究者の中には、産業革命期の工場はどこも利益を上げていたと主張する人もいますが、子どもをバシバシ叩きながら働かせて利益を出す工場とは、明らかにニューラナークは異なります。

住民が主体的に動いて、まちが元気になる――

コミュニティデザインの源流といえる活動が、二〇〇年前のニューラナークにはあったのです。

二〇〇年前の教訓

ニューラナークの成功で、オウエンは富も名声も手にしました。しかし、その後の彼の人生は、一転して失敗の連続でした。

一八二四年、五三歳になったオウエンはアメリカに渡り、インディアナ州のハーモニーというまちを買取り、新たなコミュニティづくりを始めます。

目指したのは協同組合が主体となる自給自足の理想のコミュニティ。一八二五年、オウエンは買い取ったまちを〝ニューハーモニー〟と名付け、壮大な実験をスタートさせました。オウエンは理想のまちづくりプロジェクトへの賛同者を募るために、アメリカとイギリスで講演に飛び回ります。その甲斐《かい》あって、幸福な生活を求める入居希望者がニューハーモニーに殺到しました。が、理想は実現しなかった。住宅は不足し、増える労働者に教育が追いつかず、農業に従事する者は素人ばかりで生産性が上がらない。オウエン自身が講演に奔走し、「統治」の役目を息子たちに任せたことも失敗の一因でした。ニューラナークで築き上げた全財産を投じて取り組んだ理想のコミュニティは、あえなく崩壊。一八二七年、オウエンは失意のうちにアメリカを去ります。

コミュニティの統治は、工場の統治のようには行きませんでした。オウエンの失敗を、計画自体がそもそも楽観的すぎたと酷評し、空想社会主義者のレッテルを貼る思想系の研究者もいます。でも、僕は少し違った見方をしています。たしかに楽観主義的なところはあるけれど、オウエンがニューハーモニーでやろうとした壮大な実験は、必ずしも間違った計画ではなかったと感じるのです。

自らが考案した協同組合方式を、オウエンは〝CO-OPERATION〟と呼んでいました。略して〝CO-OP〟。いま僕らがまちで見かける「生協」です。コミュニティの中で流通する労働貨幣もオウエンはつくりました。これは、いまの日本各地のふるさとでも発行されている地域商品券の原型といえます。オウエンが理想と考えた仕組みの多くは、その後の社会で確実に広がっているのです。

オウエンは正しいことをやろうとした。でも、ニューハーモニーは失敗した。なぜか？　僕は、「楽しさの追求」という要素が希薄だったのではないかと思うのです。

正しいだけでは、物事は上手く回っていかない。正しいというだけで突き進んで行ける人は、少数しかいない。正しくて、なおかつ楽しいから、賛同者は増えていく。オウエンがニューハーモニーでやったことは、正しすぎてつまらなかった。

ニューハーモニーの住民に、オウエンは同じ服を着せようとしました。作業服だけでなく普段着までも、同じ制服を着せようとしたのです。特定の生地を大量に購入し、一つのパターンでつくれる制服をみんなで着る。それなら一着あたりの値段も安くなる。

その発想は、すべての住民が平等に暮らせる自給自足の社会を目指したことに起因します。洋服には好みも流行もあり、個人の希望に応じていたら、生産が追いつかなくなります。また、「あの人よりもきれいに装いたい」といった欲求が満たされる条件下では、個人主義に走る人が出てきて住民同士の協力体制が失われていく可能性がある。それらの綻びを回避するという意味では、住民全員が同じ服を着るというアイデアは正しい考え方なのです。

だけど、つまらない。ニューハーモニーの失敗は、楽しさが追求できなければ、どんなに正しくてもまちづくりは上手くいかないことを、大切な教訓として後世に伝える事例になったと僕は感じます。だからこそ、オウエンの影響を受けたラスキンも、楽しみながら働く生き方に価値を見出したと思うのです。

〝Play〟のスイッチを入れよう

人口の地域的偏在と年齢的偏在という二つの課題を上手に解決していくことが、日本の未来にとって〝正しい〟方向性を示していることに疑いの余地はありません。そして、ふるさとを元気にするためにどんな活動ができるのかが、この国の未来を切り拓く若い世代に課せられた宿題でもあります。

でも、宿題だとは思ってほしくないと僕は言いたいのです。いくら自分の将来のためとはいえ、与えられたプログラムからは、生涯を懸けて取り組もうと感じるほどの魅力はなかなか得られるものではない。

この本を手にしてくれた読者のみなさんは、ふるさとを元気にする主役になってくれる人たちだと僕は思っています。みなさんに期待したいのは、自ら楽しみを創造していく技術を高め、働き方の中で豊かさをどんどん追求していける、そんな〝Life＝人生〟です。宿題ではなく、楽しみを発見する活動なら、きっと前を向いて進み続けることができる。「経済成長＝未来」という二〇世紀末の幻想にとらわれない二一世紀の若い世代なら、この国の新しいかたちを楽しみながらデザインしていけると僕は信じています。

主役は舞台の上で光り輝く存在です。スポットライトを浴びなくても、自ら光を放っていれば、観客は引き寄せられます。そして、観客も楽しさを享受できる。それができる主役なら、客席にいる人たちを舞台に引っ張り上げて、活動の輪も広げていけるはずです。

舞台の上で繰り広げる活動のことを、英語では〝Play〟と表現します。〝Play〟のスイッチを入れるとどうなるか？　音楽プレーヤーを持っている人なら、すぐにわかりますね。〝再生〟が始まるのです。

「地域の再生」という表現は、ダメになってしまった状態を前提にしているようで、じつはあまり好きではなかったのですが、「再生＝Play＝人々が楽しく活動すること」という意味にとらえると、ストンと腑に落ちます。

自分自身の〝Play〟のスイッチを入れたときに表現されるもの、それを知る手掛かりを本書の中から若い世代に見つけて欲しい――。そんな思いが、イギリスでコミュニティデザインの源流を訪ね歩いているうちに、自分の胸の内でますます大きくなっていくのを僕は感じていました。

おわりに

本書を最後まで読んでくれた方々に感謝します。そのうち二二歳以下の方々に対しては、感謝するとともに尊敬します。あなた方はすごい。正直に言えば、僕があなた方の年齢だったときにはほとんど本を読んでいませんでした。読もうとしたことはありますが、ところがすぐに眠くなってしまうのです。何度も同じ行を読んでは「あ、また同じところを読んでいる！」と悔しい思いをし、それを繰り返しているうちに寝てしまうのです。僕は読書が苦手なんだと思い込んでいました。

その意識が変わったきっかけは、二一歳のときに経験したオーストラリア留学です。オーストラリアの学生たちは実によく本を読む。真似して読もうと思っても、手に入る本は英語のものばかり。今のようにネットで本が手に入る時代ではありませんでしたので、辞書を片手に英語の本を読みました。いや、実際にはほとんど理解できていませんでした。本を読みたいのに読めないという一年間を過ごして日本に帰国すると、本屋さんに日本語の本が並んでいる。その本のなんと読みやすいことか。英語で読んだけど理解できなかった訳本を次々と購入して読みました。相変わらず読み進む速度は遅かったのですが、英語に比べれば格段に速いし、ちゃんと内容が理解できる。だから僕は二二歳からようやく本が読めるようになったのです。

本を読むようになって気づいたのは、「これほど濃密な情報が得られるにもかかわらず、これまで読まなかったのはもったいなかったな」ということです。本書を読み終えようとしている方々は、すでにその魅力を知っている人ばかりだろうと思いますが、当時の僕にとっては本からこれほど多くの情報を得ることができるというのは発見でした。気に入った本の著者が書いた別の本を読んだり、その著者が影響を受けた人の本を読んだりして、数珠《じゆず》つなぎのように読みつないでいったことを覚えています。

コミュニティデザインについての本

だから本書を読んでくれた人にも、この先に読んでみたらいいんじゃないかと思う本を紹介しながら「あとがき」を書いてみようと思います。といいながら、いきなり自分の本を紹介してしまうことをお許しください。本書は、いわばコミュニティデザインについての入門書です。二二歳以下の人たちに読んでもらえたらいいなという気持ちで書きつつも、二二歳以上の人が初めて「コミュニティデザイン」や「ふるさとを元気にする仕事」について考えてもらうきっかけになったらいいなという気持ちで書きました。だからもし、この入門書を読んで「もう少し詳しく知りたい」と思ってくれたなら、以下の二冊を読んでもらうことを希望します。ひとつは『コミュニティデザイン』（学芸出版社）という本で、僕達が各地で携わってきたコミュニティデザインの実践についてまとめたものです。もうひとつは『コミュニティデザインの時代』（中公新書）という本で、コミュニティデザインの理論的な背景についてまとめたものです。この二冊を読んでもらうと、コミュニティデザインの理論と実践を少し深く理解してもらうことができると思います。

雑誌のように読んでもらえる本もあります。渡辺直子さんという編集者が僕達の仕事を取材してまとめてくれた『コミュニティデザインの現場』（繊研新聞社）という本です。この本はカラー写真がたくさん掲載されていて、現場の臨場感を得やすい内容だと思います。一方、少し変わった本としては『コミュニティデザインの仕事』（ブックエンド）があります。この本はアドベンチャーブックといって、読み進むうちに何度も判断を迫られるロールプレイングゲームのような本です。あなたがコミュニティデザイナーになったとしたら、現地へ行った際に何をするか、ワークショップのためにどんな準備をするか、意見が異なる人が現れたらどういう言葉をかけるかなど、さまざまな判断を迫られます。自分が判断したページに飛ぶと、その先でまた判断を迫られることになる。見事、最後まで読み進むことができると、ふるさとを元気にする仕事を成し遂げたことになります。若い人たちにぜひ挑戦してもらいたい本です。

若い人といえば、東日本大震災後に東北で大学生たちとともに「ふるさとを元気にする方法」について考えた『まちの幸福論』（NHK出版）があります。これはNHKの番組にもなったもので、大学生たちとともに東北の未来について考えたことをまとめた本です。

都市計画についての本

コミュニティデザインは、都市や地域の将来像を考える「都市計画」という分野から生まれてきました。したがって、都市計画の歴史を知っておくと、より深くコミュニティデザインについて考えることができます。日端康雄さんの『都市計画の世界史』（講談社現代新書）は、ふるさとを元気にするための都市計画やコミュニティのための都市計画などが生まれてきた経緯がわかりやすくまとめられています。その歴史の中でも、コミュニティのための都市計画について詳しく書かれたのが佐々木宏さんの『コミュニティ計画の系譜』（鹿島出版会）です。本書にも登場したハワードやガルニエの計画も紹介されています。同様に、相田武文さんたちが書いた『都市デザインの系譜』（同前）やジョナサン・バーネットの『都市デザイン』（同前）も都市計画やコミュニティ計画の歴史を理解するうえで重要な本だといえます。

歴史の流れを把握したうえで、それぞれの都市論を読んでみるとさらに理解が深まります。エベネザー・ハワードの『明日の田園都市』（同前）、ル・コルビュジエの『輝く都市』（同前）などは、少し専門的な内容ですが読み応えがあります。

都市計画を住民参加型で進めようという意味でのコミュニティデザインについては、ランドルフ・ヘスターたちが書いた『まちづくりの方法と技術』（現代企画室）が秀逸です。副題が「コミュニティー・デザイン・プライマー」となっているとおり、まさに参加型都市計画の入門書といえるでしょう。一方、若い人たちとともにまちづくりを考えてみようという本としては、服部圭郎さんの『若者のためのまちづくり』（岩波ジュニア新書）が読みやすく示唆的です。

「土の人」についての本

本書に登場していただいた「土の人」の活動について詳しく知りたい人には、以下の三冊がお勧めです。徳島県神山町の大南信也さんの取り組みについては、篠原匡《ただし》さんの『神山プロジェクト』（日経BP社）にまとめられています。京都府綾部市で活動している塩見直紀さんの考え方については、ご本人が書かれた『半農半Xという生き方』（ちくま文庫）がわかりやすいと思います。ちなみに、この本の巻末にある「解説」は僕が書かせてもらいました。レストラン「粟」での実践については、三浦雅之さんご夫妻が書かれた『家族野菜を未来につなぐ』（学芸出版社）をご参照ください。社会福祉の原点を探るうちにレストランをやることになったという経緯が理解できます。

ふるさとについての本

ふるさとについての本はたくさんあるのですが、僕が最も影響を受けた本をひとつ挙げるとすれば徳野貞雄さんの『農村《ムラ》の幸せ、都会《マチ》の幸せ』（NHK出版新書）だといえるでしょう。なぜふるさとの元気がなくなったのか、これからどうすればいいのかがわかりやすくまとめられています。また、本書と同じ「ちくまプリマー新書」のシリーズには、吉岡忍さんが書かれた『奇跡を起こした村のはなし』があります。ふるさとを元気にする仕事を考えるうえで知っておくといい事例だと思います。僕は吉岡さんの文体が好きなので、文章を書くうえでもこの本を参考にしています。

生き方や働き方についての本

二二歳まで本を読み遂げることができなかったと書きました。ただ一冊だけ例外がありました。中学三年生のとき、学校の宿題で読まねばならなかった暉峻淑子《てるおかいつこ》さんの『豊かさとは何か』（岩波新書）です。カネやモノをたくさん手に入れたからといって豊かになるわけではないという暉峻さんの主張は、金持ちが豊かだと思い込んでいた中学生の僕には衝撃的な内容でした。このときから「じゃ、本当の豊かさって何なんだ?」と考えるようになりました。その答えのひとつを与えてくれたのが、辻信一さんの『スロー・イズ・ビューティフル』（平凡社）です。もっと速く、もっと多く、もっと大きくという考え方が、豊かさを目指しているようでいて、実は充実した人生から遠ざかっていることになる。そんなことに気づかせてくれた本です。

本書に登場してもらった塩見直紀さんに教えてもらったのが、内村鑑三の『後世への最大遺物』（岩波文庫）です。「あなたはこの世の中に何を遺して死んでいきますか？」と問いかけられたのは初めてのことで、すぐには答えが出てきませんでした。同じく、あなたの人生の価値を高めなさいと教えてくれたのが、ジョン・ラスキンの『この最後の者にも』（中公クラシックス）です。この本から人生（Life）の重要性を学び、自分の会社の名前を「studio-L」と名づけました。

最後にまた自分の本を紹介することをお許しください。魅力的な働き方や生き方を実践している六人との対話をまとめた『ハードワーク！　グッドライフ！』（学芸出版社）は、雇われて生きるのではなく、自分で仕事をつくって楽しく働く方法を紹介する本になったと思います。

本書に登場してくれた大南信也さんの話も収録されています。

僕は今年で四二歳になりました。本を読み始めて二〇年が経ちました。今ではもう、本を読むことが苦痛ではなくなっています。新しいことを知るのが楽しくて仕方ありません。遅ればせながら、学びの楽しさを知ることができたのかもしれません。設計事務所を辞めて独立し、studio-Lというコミュニティデザイン事務所を立ち上げてから一〇年が経ちました。

その間に、さまざまな場所で学ぶことができました。二〇〇六年からの五年間は、事務所を経営しながら兵庫県の研究所で「ふるさとを元気にする方法」について学びました。その後は二〇一三年まで大学院の博士課程でコミュニティデザインの手法について学びました。そして二〇一五年からは専門学校で社会福祉について学んでいます。

大学生までの僕は、まさか自分が働きながら学校で学ぶ人になるとは思ってもみませんでした。人生は変わるものですね。本が読めるようになり、学ぶことが楽しくなると、仕事以外の時間にも新しいことを学びたくなったのです。不思議な感覚です。

学びの時間は充実していますが、学んだことを独占するのはもったいないことだと感じるようになりました。だから、新たに学んだことはなるべく事務所のスタッフに伝えますし、講演や書籍を通して多くの人に知ってもらおうとします。「あなたが学んできたことを大学生たちに教えないか」という依頼があったときも喜んでお引き受けしました。二〇一一年からの四年間は京都造形芸術大学の空間演出デザイン学科で学びを分かち合い、二〇一四年からは東北芸術工科大学のコミュニティデザイン学科で学生たちと学び合っています。

本書もまた、その学び合いから生まれたものです。若い人たちに向けた本を書いて欲しいと言われた当初は、何を書けばいいのか分かりませんでした。そこで、コミュニティデザイン学科の一年生に何を書けばいいのか質問したのです。ちょうど高校生から大学生になったばかりの学生たちは、次々と本書に書くべき内容を示してくれました。その意味で、コミュニティデザイン学科の学生たちに感謝したいと思います。また、若い人に向けたコミュニティデザインの本を書く機会を与えてくれた筑摩書房の小船井健一郎さん、『まちの幸福論』に引き続き今回も内容について一緒に検討してくれた伴田薫さん、どうもありがとうございました。そして、本書に登場してくれた「土の人」の皆さんにも感謝いたします。最後に、図版等を集めてくれたstudio-Lのスタッフの皆さん、とても助かりました。

本書をきっかけとして「ふるさとを元気にする仕事」に興味を持ってくれる人や、コミュニティデザインを学ぼうと思ってくれる人が現れるとしたら、著者としてこれほど嬉しいことはありません。僕もまた、「人は何歳からでも学ぶことができる」と信じる者ですから、みなさんとともに学び続けたいと思います。

二〇一五年九月

ともに学び合い、ふるさとを元気にする人が増えることを願って

山崎亮

ちくまプリマー新書

238
おとなになるってどんなこと？
吉本ばなな
勉強しなくちゃダメ？　普通って？　生きることに意味はあるの？　死ぬとどうなるの？　人生について、生まれてきた目的について吉本ばななさんからのメッセージ。

003
死んだらどうなるの？
玄侑宗久
「あの世」はどういうところか。「魂」は本当にあるのだろうか。宗教的な観点をはじめ、科学的な見方も踏まえて、死とは何かをまっすぐに語りかけてくる一冊。

047
おしえて！　ニュースの疑問点
池上彰
ニュースに思う「なぜ？」「どうして？」に答えます。今起きていることにどんな意味があるかを知り、自分で考えることが大事。大人も子供もナットク！の基礎講座。

020
〈いい子〉じゃなきゃいけないの？
香山リカ
あなたは〈いい子〉の仮面をかぶっていませんか？　時にはダメな自分を見せたっていい。素顔のあなたのほうがずっと素敵。自分をもっと好きになるための一冊。

079
友だち幻想
——人と人の〈つながり〉を考える
菅野仁
「みんな仲良く」という理念、「私を丸ごと受け入れてくれる人がきっといる」という幻想の中に真の親しさは得られない。人間関係を根本から見直す、実用的社会学の本。

ちくまプリマー新書

156
女子校育ち
辛酸なめ子
女子100％の濃密ワールドの洗礼を受けた彼女たちは、卒業後も独特のオーラを発し続ける。文化祭や同窓会潜入も交え、知られざる生態が明らかに。LOVE女子校！

198
僕らが世界に出る理由
石井光太
未知なる世界へ一歩踏み出す！　そんな勇気を与えるために、悩める若者の様々な疑問に答えます。いま、ここから、なにかをはじめたい人へ向けた一冊。

209
路地の教室
――部落差別を考える
上原善広
「路地（同和地区、被差別部落）って何？」「差別なんて今もあるの？」「同和教育、同和利権とは？」すべての疑問に答えます。部落問題を考える、はじめの一冊！

043
「ゆっくり」でいいんだよ
辻信一
知ってる？　ナマケモノが笑顔のワケ。食べ物を本当においしく食べる方法。デコボコ地面が子どもを元気にするヒミツ。「楽しい」のヒント満載のスローライフ入門。

002
先生はえらい
内田樹
「先生はえらい」のです。たとえ何ひとつ教えてくれなくても。「えらい」と思いさえすれば学びの道はひらかれる。――だれもが幸福になれる、常識やぶりの教育論。

ちくまプリマー新書

028
「ビミョーな未来」をどう生きるか
藤原和博
「万人にとっての正解」がない時代になった。勉強は、仕事は、何のためにするのだろう。未来を豊かにイメージするために、今日から実践したい生き方の極意。

067
いのちはなぜ大切なのか
小澤竹俊
いのちはなぜ大切なの？——この問いにどう答える？子どもたちが自分や他人を傷つけないために、どんなケアが必要か？　ホスピス医による真の「いのちの授業」。

099
なぜ「大学は出ておきなさい」と言われるのか
——キャリアにつながる学び方
浦坂純子
将来のキャリアを意識した受験勉強の仕方、大学の選び方、学び方とは？　就活を有利にするのは留学でも資格でもない！　データから読み解く「大学で何を学ぶか」。

105
あなたの勉強法はどこがいけないのか？
西林克彦
勉強ができない理由を、「能力」のせいにしていませんか？「できる」人の「知識のしくみ」が自分のものになる方法を、認知心理学から、やさしくアドバイスします。

134
教育幻想
——クールティーチャー宣言
菅野仁
学校は「立派な人」ではなく「社会に適応できる人」を育てる場。理想も現実もこと教育となると極端に考えがち。問題を「分けて」考え、「よりマシな」道筋を探る。